社恐、嘴笨也OK！

# 一秒學會精準表達的溝通術

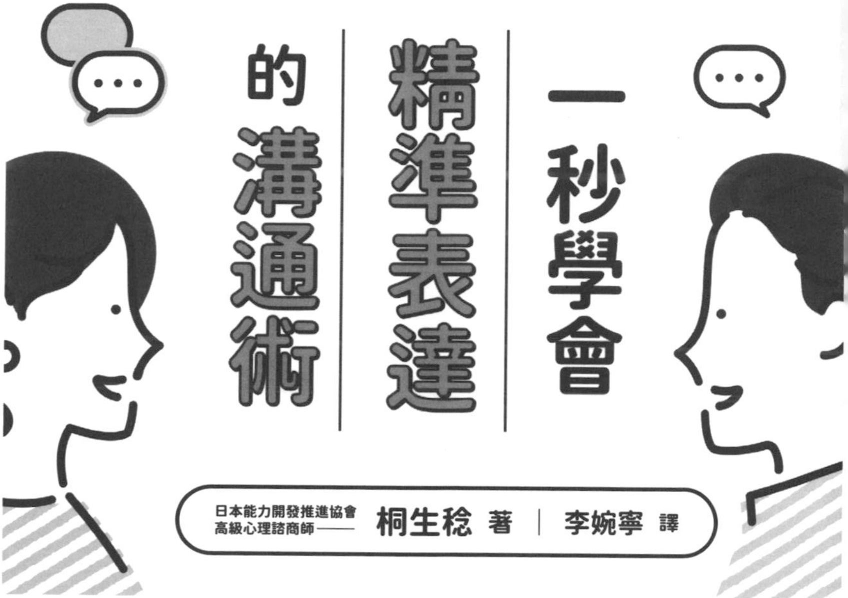

日本能力開發推進協會
高級心理諮商師——桐生稔 著 | 李婉寧 譯



楓葉社

我將告訴你一件十分重要的事。
首先，請試著檢視下頁的確認清單。

## 確認清單

❶曾被問「所以結論是什麼？」

是□　否□

❷曾因突如其來的問題而語塞

是□　否□

❸曾被問「所以重點是什麼？」

是□　否□

❹跟不上話題的轉變

是□　否□

❺無法理解較曖昧的表達方式

是□　否□

❻無法從表情和反應讀出對方的感受

是□　否□

❼只是正常說話，對方卻認為我很失禮

是□　否□

❽曾被說「不要找藉口」

是□　否□

❾聊到自己喜歡的話題，便滔滔不絕

是□　否□

❿認為和自己說話一定不有趣

是□　否□

結果如何呢？

十個選項中，勾選超過五個「是」者，一定能成功。

也許你會覺得：「這話說反了吧？」

請先聽我解釋。

拿起本書的你，應該多少有不善交流、無法順利表達自己想法等困擾。

但在十個選項中，勾選超過五個「是」的人，想必也符合以下描述吧。

◎當專注於鑽研某件事時，能發揮超凡本領

◎只要一專注起來，就會花上好幾個小時

◎對於決定好的事項，能不帶一絲猶豫地執行

◎會依循自己的規則，表達意見

◎有獨特的堅持

等等。

你是否有符合呢？

**其中重點就在於「鑽研」、「專注」、「堅持」。**

在十個選項中，勾選超過五個「是」的人，一定擁有和旁人不同的獨特感受性。

在這個網路發達的時代，任誰都能自由宣揚自己的主張。

未來將是個注重個人表現的時代。是否能樹立個人形象相當重要。

無論是乃木坂46、櫻坂46，或是日向坂46也好，要在眾多人之中脫穎而出，必定擁有異於他人的獨特性。也正是這種獨特性讓觀眾為之傾倒。

你是否也有特別的堅持或獨特性呢？

那真是太好了。你的名字勢必將留在他人的腦中。

所以我才說你一定會成功。

接下來就讓我來介紹自己吧。

我是株式會社Motivation & Communication的董事長桐生稔。

敝公司自北海道至沖繩皆設有商業學院，教大家能有效溝通的說話方式。至今已舉辦超過一萬場的「有效溝通的方法」講座。

來到本學校的學生，都不善於溝通。

但各位卻也擁有獨特的世界觀。

**可惜的是不懂得活用這個優點。**

本書濃縮了幾個訣竅，將活用你的優勢，把你的話語「稍微縮短」、「稍微改變順序」、「稍稍改變措辭」。

透過編排，使你的話能更順利地傳遞出去。

讓你在保有獨特性的原則下，習得高品質的說話方式。

**具體來說，我們將透過七個重點展開說明。**

## 有效溝通的說話方式的七個重點

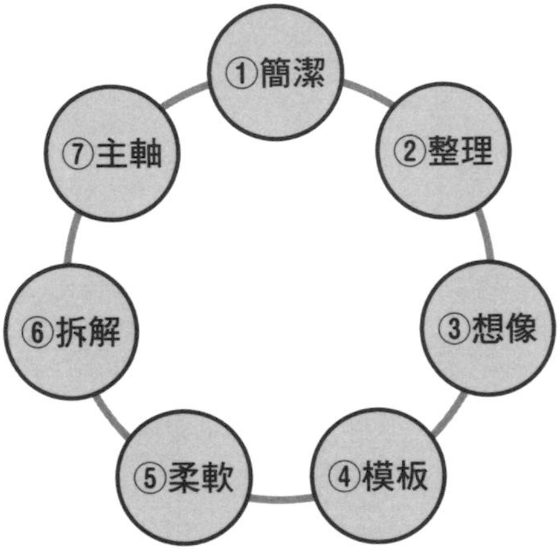


關於詳細內容，將留在本文說明。但只要學會這七個重點，你便會發現大家能充分理解你說的話，你想說的話也將變得更簡明扼要。

大腦也得以時常保持清晰，並能夠系統性地整理、表達。

即便直接說出想說的話，對方也都能接受。

進而讓身邊的人能更了解你。

現在是你發揮才能的時候了。

**學會有效溝通的方式，打開成功之門吧。**

衷心期盼本書能成為翻轉你人生的祕笈。

株式會社Motivation & Communication董事長 **桐生稔**

◎目錄

前言——「我該不會有社恐吧？」連不善於說話的你也能溝通無礙 …… 1

重點①

# 簡潔

## 商務人士總是忙碌
——只有十秒、三十秒、一分鐘時該怎麼做呢？

1 全世界最討喜的人 …… 18
2 再也不被問「結論是什麼？」 …… 23
3 靈活運用十秒、三十秒、一分鐘 …… 30
4 一切用三行總結 …… 35
5 迅速回答「為什麼？」 …… 40
第一種：確認原因＋問題 …… 44
第二種：道歉＋原因 …… 45

第三種：爭取時間……45
6 切忌混雜話題……47
①一問一答的原則……49
②種類呼應的原則……50
③一句話對應一種內容的原則……52
專欄① 五秒便能判斷誰說話容易被打斷……54

重點②

# 整理

## 避免讓對方出現「算了」的念頭

——改善冗長的說話方式

1 話題跳躍、偏題、鬆散的原因……58
2 讓思路整理走向自動化……62
3 讓說服力倍增的分層思考方式……68
4 讓話語合理的邏輯思考……74
5 讓你無敵的批判性思考……79

①前提是什麼？「試著懷疑前提」……84
②沒有其他的結論嗎？「試著從不同角度看事情」……84
6 精準傳達重點……86
專欄② 跟不上話題的轉變……92

重點③

# 想像

## 將平時令你心煩的事情轉化為話語

——只要事先準備，就能更簡潔、精準表達

1 說話無法產生畫面……96
2 將想法言語化的「說話方式模板」……100
3 擺脫詞窮的訣竅……104
4 絕不能被問「那件事的後續如何？」……109
5 一次抓準對方的需求……115
專欄③ 無法理解較曖昧的表達方式……119

重點④

# 模板

## 該如何回答突如其來、意料之外的問題？

——預備答案的模板，面對未準備的問題


1 突然被點名時該怎麼辦？……122
2 回以巧妙的評論……127
3 害怕被問到沒預想過的問題……132
【被問到意料之外問題時的回覆模式】……133
■第一型：表達感謝……133
■第二型：確認問題內容……133
■第三型：講述結論……134
■第四型：說明理由……134
■第五型：當作下回課題……134
4 被吐槽也能雲淡風輕地反擊……136
專欄④ 回答不出來未必是件壞事……141

重點⑤

# 柔軟

## 面對難以開口的事，不應開門見山地直說

——以免被當成怪人


1 不知為何總容易惹怒對方 …… 144

（例1）用詞令人不悅 …… 144

（例2）將想法直接說出來後，對方卻生氣了 …… 145

2 被說「正常人不會這麼做吧」 …… 150

3 被說「別找藉口」 …… 156

4 如何巧妙表達難以啟齒的事 …… 161

步驟①：對方的意見 …… 162

步驟②：事實 …… 162

步驟③：自己的意見 …… 163

5 被說「你真的很不懂察言觀色」 …… 166

「是啊」系列 …… 168

情緒表現系列 …… 169

喃喃自語系列……169
專欄⑤ 當失言導致冷場……171

重點⑥

# 拆解

## 說到「沒整理好的事」、「不知道的事」、「沒信心的事」時
——仍有適合的表達方式

1 「說話」×「整理」交錯執行……174
①目的與手段……176
②問題與解決方案……177
③優點與缺點……177
④前提與結論……177
⑤A與B……177
⑥原因與結果……178
⑦目標與重點……178
2 「我不知道」＋假說……180

3 讓人看起來缺乏自信的詛咒 185
第一個重點：手往前擺 188
第二個重點：視線 188
第三個重點：丹田 188
4 無論如何都想說出來，卻缺乏自信 190
5 害怕被否定 196
6 對他人說的話照單全收，勢必失敗 200
專欄⑥ 無法表露情緒 205

重點⑦

## 主軸

## 即便簡短，仍能「打動人心」的說話方式

——為達到談話目的

1 容易被打動的心理模式 208
2 讓對方覺醒的關鍵字 213
3 讓對方做出行動的魔法詞 219

①感謝的話語……221
②承認的話語……221
③能獲得成果的話語……221
④讓對方免於權益受損的話語……222
⑤將對方不知道的事轉換為對方想知道的話語……222
⑥提高稀缺價值的話語……222
⑦讓對方感受到連結的話語……222
4 理解對方的堅持……224
5 跟自我厭惡說再見……228
專欄⑦ 在有勝算的地方拚勝負……233
結尾——其實並沒有所謂的「社恐」……235

重點①

# 簡潔

## 商務人士總是忙碌

只有十秒、三十秒、一分鐘時該怎麼做呢？

# 1 全世界最討喜的人

讓我來說一個很知名的故事。

假設每天都會有八萬六千四百元匯入你的戶頭。
但你不能存下這些錢。當一天過去，錢就會消失不見。
大部分的人，應該都會儘可能在當天花光這些錢吧。

你覺得這個故事在描述什麼呢？
沒錯，正是**「時間」**。
一天有八萬六千四百秒。
在「滴答、滴答、滴答」八萬六千四百次後，一天就結束了。

房子可以重蓋，車變舊可以買新的。但時間並非如此，只要過去就不會再重來了。

除此之外，我們也無從得知時間什麼時候會用盡。

**正所謂「Time is Life.」，時間就是生命。**

假設眼前有一個不認真看待你時間的人。

例如：

- 對你毫無興趣的話題滔滔不絕
- 「今天早上，我接到客人的電話，○×△……」說話毫無重點，讓人很想吐槽
- 問他「你覺得這個設計如何？」卻回你一堆和設計毫無關聯的感想
- 在會議中發表毫無重點可言的話

而在這些時刻，你的時間仍不斷「滴答、滴答、滴答」地減少著。

我想你應該也不想和會浪費你時間的人建立關係。

對方亦同。

所以我首要想告訴你的，就是**「我們必須重視對方的時間」**。

若想學會有效溝通的說話方式，這是先決條件。

重視對方的時間說起來簡單，實際執行起來卻不容易。

因為一段時間究竟是有意義還是浪費，是由對方來認定。

不過請放心。

雖然是由對方認定，但我們仍能做到將對方的時間銘記於心。

**也就是我們能表現出「我很重視你的時間」的態度。**

像是問對方：「我可以借用你五分鐘左右的時間嗎？」、「大概下午五點會結束，你有空嗎？」確認對方的時間。

或是問對方：「你等一下還有行程對吧，我花三分鐘左右簡單向你說明。」留意對方的時間安排。

能做到上述確認的人也許很多。

但會在會議中說：「會議只剩下十五分鐘了，今天就先把這件事定下來吧。」中途確認時間的人又有多少呢？我想答案應該是幾乎沒有。會議時間延長會影響到對方接下來的行程，也是一種未顧慮到對方時間的行為。

若有把對方的時間放在心上，也可以在發表時表示：「今天要佔用你十分鐘的時間。由於時間寶貴，我們立刻進入正題吧。」在話題開始前便表現出重視對方時間的態度。

這意味著我們有考慮到對方的時間。

相對的，**常常改行程、愛遲到、不遵守交期的人則一定招人嫌。**因為這表示不把對方的時間放在心上。

從對方的角度來看，也會覺得遭草率對待，進而失去對這個人的信任。

**以「Time is Life（時間就是生命）」的觀點來說，世上最受人喜歡的人就是懂得重視對方時間的人。**

然而光想並無法讓對方感受到，重要的是表現出來。

具體方法如問對方：「可以佔用你〇分鐘的時間嗎？」、「請問你等一下有行程嗎？」、「剩下〇分鐘了，所以……」**將對方的時間掛在嘴邊**。

在充分理解這點之後，我將在下一項教你「簡潔表達」的技術。

*success of communication*

## 表現出對對方時間的重視。

# 2 再也不被問「結論是什麼？」

再也不被問「結論是什麼？」

你是否曾有被問「所以你想說什麼？」、「結論是？」惹惱對方的經驗呢？

我可多著呢。那是在我二十幾歲的時候。

我：「不好意思，我寄了信給你，但是好像沒加到附件。我想再傳一次，但是……」

上司：「桐生，先講結論。」

我：「喔，好。那個，我想傳資料給你，但是資料好像很舊……」

上司：「桐生，先講結論。」

我：「是，抱歉……可以給我最新版的資料嗎？」

上司：「了解。」

諸如此類的對話時常發生。

連去整復院時也是。

「我拿重物時，左手小拇指麻麻的。等不麻後，換成脖子右邊開始痛了。就算貼了貼布……」最後卻常被投以「所以你要說什麼？」的表情。

這樣的我，現在成立了商務學院，在全國各地舉辦講座教授有效溝通的方式，並著有十本關於說話方式的專業書籍。所以人生的際遇真的很難說。

並不是凡事都應從結論說起。

但在商務場合，確實多半需要從結論說起。

**那為什麼我們無法從結論開始說起呢？**

理由非常簡明扼要。

那就是因為我們平時沒有**訓練**。

由於人類大腦的機制，我們習慣按照時序說話。

請試著回想我們小學時寫的日記。只要順著時序，寫出每天早上做了○○，中午做了○○，晚上做了○○，就能更簡單書寫。而故事中的「起承轉合」，也是一種依照時序的寫法。

按照時序也確實比較輕鬆，不需過多思考。

所以突然要一個未經過任何訓練的人從結論開始說話，確實有難度。

那麼接下來，我要教大家具體的解決方式。

在「前言」中，我曾詢問你是否為「當專注於鑽研某件事時，能發揮超凡本領」的人。

若你是的話，我希望你能去鑽研一件事。

**以讓你學會從結論開始說話。**

那件事就是：

**「將開頭控制在三秒之內」。**

要敘述任何事時，都必須將開頭控制在三秒之內。

假設有人問你：「商談結果如何？」

此時若要將「對方很喜歡我們的產品。雖然今天沒簽成合約，但對方願意積極考慮。」這些內容的開頭控制在三秒內，應該沒有人會選擇說：「對方很喜歡我們的產品⋯⋯」吧。若說這句，聽者想必會追問：「很喜歡，然後呢？」

所以若想將開頭控制在三秒之內，應該說：**「合約沒簽成」**才對。因為對方問的問題是：「商談結果如何？」

所以若必須將開頭控制在三秒內，應該選這句當結論，詳細內容放在之後再提。

那若有人突然問你：「聽到剛才的發表，你有什麼想法？」要求你評論，你該怎麼做呢？

「聽起來非常活潑，聲音也很清晰，聽得很清楚，讓人聽了能獲得能量⋯⋯」

好，暫停。試著把開頭控制在三秒內吧。

此時應該說：**「讓人聽了之後能獲得能量」**。

在報告壞消息時也是如此。

「對不起，我有確認過企劃書的內容了。但資料內容好像有誤，我寄給客人後才發現。

我有聯絡客人了，但……」

試著將開頭控制在三秒內吧。

此時應該說：**「對不起，我失誤了。」**

因為這才是結論。

人擁有很厲害的能力。當我們決定「必須將開頭控制在三秒內」，就會自然而然選擇從結論開始切入。

我曾問我商務學院的學生：「你報名今天講座的契機是什麼呢？」

他回答：「我在銀行工作，負責融資。但發現在各地跑業務時沒辦法好好介紹商品，說話很容易變很長……」

若「將開頭控制在三秒內」，則一開始就能理出「我想能擁有在五分鐘內介紹商品的能力」的結論。

在商務學院的講座中，我會出幾個難題如下：

- 你認為消費稅應該增加還是降低
- 日本是否應接受移民
- 是否需要在小學納入英文教育
- 可以將智慧型手機帶進國中嗎

並刻意要求學生在三秒內回答我。

在嘗試四、五次後，學生便學會回答「我認為○○。」從談話的一開始，就俐落地說出結論。等說完結論後，才開始說明原因。

**我甚至認為等說完結論後，再想原因也沒問題。**

若猶豫不決，想著「真的可以這麼說嗎？」、「要是被否定怎麼辦」，發言的次數便會減少，也無法獲得進步。因為最重要的是要多多練習。

但是沒關係，能夠侃侃而談的人非常之少，十個人之中有一個就該偷笑了。

**光是願意努力從結論開始說起，就足以大幅提升你的稀缺價值了。**

因為會在說話時意識到「將開頭控制在三秒內」的人實在是少之又少。

一開始不應追求結論的精準度。

而是應該先以練習的次數為主，多挑戰「將開頭控制在三秒內」。

在不斷挑戰之下，應該就能掌握從結論開始說起的精髓了。

*success of communication*

**從結論開始說起時，應將開頭控制在三秒內。**

# 3 靈活運用十秒、三十秒、一分鐘

當我們有３秒時，只來得及說出結論。
那如果有十秒，能說什麼呢？
有三十秒時又該說什麼？那一分鐘呢？

商場上的人總是忙碌，沒什麼人願意耐著性子一直聽你說沒重點的話。所以會直接回覆「所以呢？」

且日常生活中，我們很少有機會花上三十分鐘或一個小時談話或發表。反而是簡短報告、回答問題、在會議上發言這種**十秒、三十秒、一分鐘內的簡短談話壓倒性的多。**

若不擅長簡短的談話，那更不用說是三十分鐘、一小時的談話了。就像連基礎功力都沒有，就想打出全壘打一樣。因此若想增進說話技巧，應先好好磨練十秒、三十秒、一分鐘等短時間談話的技巧。

讓我們回到一開始的問題。

若有十秒，能說多少話？三十秒和一分鐘呢？

**十秒大概可以說五十個字。三十秒可以說一百五十個字，一分鐘則是三百個字。**這是一種透過「文字數」掌握時間的方法。

還有一種方法。就是讓身體記住十秒、三十秒、一分鐘的長短。

但是我們總不能一直數字數，或用碼表計算自己說話的長度吧。

那我們該怎麼做呢？

我們應該做的不是計算字數，也不是算時間，而是去掌握**份量**。

也就是抓出我們在一定時間內，可以說出多少內容。

十秒大概夠我們說出「一個結論＋一個根據」。舉例如下：

## （例）一分鐘談話的份量
## 「一個結論＋三個根據＋三個事實」

| | | | |
|---|---|---|---|
| 結論 | 玄米對身體有益 | | |
| 根據 | 富含維他命、礦物質 | 血糖不容易上升 | 降低攝取脂肪含量高食物的欲望 |
| 事實 | 含有維他命E、維他命B群、鐵、鎂、鈣、錳、鋅等蔬菜中也富含的維他命及礦物質 | 比起GI值（升糖指數）82.5的白米，玄米的GI值只有58.7，血糖比較不容易上升 | 根據大學研究，得知由於玄米中所含有的γ-谷維素，會降低我們攝取高脂肪含量食物的欲望 |

玄米對身體好＝一個結論

＋

因為玄米富含美容、健康所需的維他命和礦物質＝一個根據

這樣總共是十秒。

若有三十秒，則足以說出「一個結論＋三個根據」。舉例如下：

玄米對身體好＝一個結論

＋

原因有三個

第一是玄米富含美容、健康所需的維他命和礦物質＝第一個根據

第二是我們身體吸收玄米中糖分的速度低於白米，血糖比較不容易上升＝第二個根據

第三是玄米含有 γ-谷維素，會降低我們吃高脂肪食物的欲望＝第三個根據

這樣總共是三十秒。

若有一分鐘，則可以說出「一個結論＋三個根據＋三個事實」。

由於寫成文章會過於冗長，所以我簡單整理成右頁的表格。

可以加上三個事實（資料、案例、事件等）佐證補充。加起來大概是一分鐘的份量。

**你們是否掌握十秒、三十秒、一分鐘的份量了呢？**

接下來則應根據狀況靈活運用。

若對方只是問「玄米對身體很好嗎？」則可以回：「玄米對身體很好喔。因為玄米富含美容、健康所需的維他命和礦物質。」差不多花十秒左右就夠了。

若對方感興趣，則可以回覆「一個結論＋三個根據」。當對方希望得到更完整的說明，便可以用「一個結論＋三個根據＋三個事實」來回覆。

在會議中被詢問意見時，可以做十秒鐘左右的回覆；若身為專業部門，被徵詢意見時則差不多是三十秒；需要更全面的說明時，則是一分鐘。

其他場合則應該看狀況，靈活運用十秒、三十秒、一分鐘原則。

靈活運用並不是件容易的事。最重要的是事先掌握好份量，掌握我們大概能在這段簡短的對話中說多少事情。

**十秒「一個結論＋一個根據」**

**三十秒「一個結論＋三個根據」**

**一分鐘「一個結論＋三個根據＋三個事實」**

希望大家都能掌握簡潔表達的節奏。

*success of communication*

**事先掌握十秒、三十秒、一分鐘能說的份量。**

# 4 一切用三行總結

這麼問也許有點突然，大家聽過「浦島太郎」的故事嗎？

我彷彿能聽見大家說：「當然知道！」的聲音。

那如果我說：「請用**三行話**統整浦島太郎的故事」，你會怎麼做呢？

例如：

- 浦島太郎救了烏龜
- 烏龜為了表示感謝而帶浦島太郎去龍宮
- 回到村莊，打開收到的珠寶箱後成了老爺爺

明明就做了好事，卻落得如此悲傷的下場……這點就先不提了。若想將故事統整成三行話，就必須**將整個故事去蕪存菁**。

其實這也正是簡潔說明時的過程。

本商務學院有在做「用三行總結」的訓練。

一開始嘗試時，先不要想得太困難。

・
・
・

就像如此，先打三個點就是了。

然後再將想說明、告知、報告的事用三行寫下來。

**只要有三行，就能統整大部分的事。**

兩行總覺得好像有點不夠，四行整理起來又有點麻煩，因此三行恰到好處。

等習慣之後，除了「・」之外還可以寫成：

・總論：

・結論：
・分論：
然後在後頭寫上內容。

當想提案時可以寫成這樣：
・總論：關於本週的餐會
・結論：我想選海鮮料理
・分論：我找到一間產地直送，非常新鮮的餐廳
範圍從大寫到小，寫成三行。
想拜託某人某件事時，也可以寫成三行。
・總論：下週朝會，有件事想拜託你
・結論：我想請田中先生／小姐做一分鐘的演講，可以嗎
・分論：因為田中先生／小姐有很多這方面的心得，所以我想請你分享

而田中先生／小姐也可以用三行的方式來準備演講。

• 總論：我將分享能改變人生的早晨習慣
• 結論：充分運用起床後的時間，能讓當天一直保持在高度集中的狀態
• 分論：推薦大家可以在早上曬曬太陽，以及散步十分鐘

**在說話前，可以先花一點點時間用三行統整。**如此一來便會猶如出現一道曙光，使想表達的內容變得更加明確。

將想說的話總結成三行時，有兩個重點。

第一個是無論如何都先從畫三個「•」開始。

先不要想太多，試著整理成三行就是了。

第二個是試著在一分鐘左右的時間內寫好，不應花太多時間。

若花太多時間，這個習慣將難以維持下去。

打棒球時也需要練習揮棒。若未曾揮過球棒，即便站上打席，仍然打不到球。因此我們應該不斷揮棒，這就是所謂的三行方法。

請試著花一點點時間，用三行總結想說明、告知、報告的事。

**書寫這個行為，可以鍛鍊出善於簡潔說話的大腦。**

*success of communication*

**說話前花一分鐘，整理成三行。**

## 5 迅速回答「為什麼？」

當被問到「為什麼？」時，無法流暢地回答。

被逼問「怎麼會這樣？」時，卻突然語塞。

我常聽到有人這麼說。

**「為什麼沒打電話給客戶？」、「你為什麼不做筆記？」、「你怎麼會沒確認行程？」**

「為什麼？」、「怎麼會這樣？」這些話帶有攻擊的語氣，實在令人很難回應。

我也曾聽人說，他在回答了上司問的「為什麼？」後，卻又被問「所以我問你事情為什麼會變這樣！」受到「為什麼連環攻擊」。

上司：「為什麼沒打電話給客戶？」

部下：「我本來想說明天打。」

上司：「為什麼要明天打？」

部下：「因為我想到要明天再打。」

上司：「所以我問你為什麼明天才要打？明明就可以立刻打啊。」

部下：「……」

把想法告訴對方後，卻被罵了。

**這種對話多了，也有害心理健康。**

我們必須儘快脫離「為什麼？」的迴圈。

所以我要告訴你迅速回答這些「為什麼？」的方式。

那就是**「不要迅速回答」**。

喂，這跟你剛才說的不一樣啊。為什麼不能迅速回答呢？

請讓我娓娓道來。

「為什麼？」、「怎麼會這樣？」有兩種語境。

①因為不知道而問的「單純詢問」。

②帶有攻擊情緒的「質疑」。

例如以下狀況：

上司：「為什麼把行程排成這樣？」

部下：「因為一個人要安排三十分鐘。總共有十個人，所以這樣排。」

上司：「原來如此，謝謝。」

就是單純詢問。

那下面這個狀況呢？

上司：「為什麼把行程排成這樣？」

部下：「因為一個人安排三十分鐘。總共有十個人，所以這樣排。」

上司：「為什麼一個人是安排三十分鐘？」

部下：「以前也是這樣安排的。」

上司：「為什麼以前這樣，現在就要一樣？」

部下：「……」

上司：「要留一點餘裕。不然有突發狀況時該怎麼處理？」

部下：「……」

也許你覺得很冤枉，但其實這種對話時常發生。

這裡的「為什麼？」就帶有一點攻擊性。也就是上司懷疑這個行程是不是真的可行。

這裡的為什麼其實是帶有一些攻擊情緒的「質疑」。

所以在迅速回答「為什麼」之前，**應先判斷這是「單純詢問」還是「質疑」**。

因為根據「為什麼」的種類不同，應回覆的內容也不盡相同。

面對單純詢問，只要直接回答就行了。

問題在於質疑。

當對方接連問出好幾個「為什麼」、「怎麼會這樣」的時候，百分之百是因為對某件事帶有疑問，可以直接判斷對方的問題是「質疑」。

此時對方不是很火大，就是莫名冷靜。但無論是哪種，都會散發一種高壓的氛圍，所以你一定會感覺得出來。

回答質疑的方式有三種。

## 第一種：確認原因＋問題

（例）

「因為和上次一樣一個人安排三十分鐘。（原因）＋這樣安排有什麼問題嗎？（確認問題）」

**第二種：道歉＋原因**

（例）

「真的很抱歉（道歉）。我和上次一樣一個人安排三十分鐘（原因）。」

你也許會疑惑為什麼要道歉？但當對方抱有質疑時，通常都處於很生氣的狀態，所以先道歉讓對方冷靜下來也是一種方法。

被質問「為什麼？」時，難免會被問到啞口無言。因此先道歉也是一種方式。

**第三種：爭取時間**

（例）

「可以給我一些時間思考為什麼會這樣安排嗎？」

先爭取時間，這樣詢問對方。對方應該會沒耐心繼續等下去，就會停止問「為什麼？」的循環，直接提出指正。如此一來事情便能繼續進行下去了。

當然，也有可能你根本沒做錯事。

但簡明扼要地傳達究竟是什麼？其實主要目的不只在於簡明扼要地傳達，也包括迅速達成共識。

**唯有以最快的速度結束溝通，才能儘快走向下一步。**

為此，必須能冷靜解讀當下情況。

所以就從學習判斷對方的「為什麼？」是「單純詢問」還是「質疑」開始吧。

*success of communication*

## 先掌握「為什麼？」的類別後再回答。

# 6 切忌混雜話題

氯系漂白劑和酸性清潔劑混合後，有時可能會產生有毒氯氣。所以罐子上常會貼著「危險！請勿混合」的標籤。據說西瓜和天婦羅一起食用，則容易引起消化不良。

**而說話方式也不例外。有時混在一起說，反而會變成帶有危險的藥品，務必要注意。**

就像明明只問了一個問題，對方回答時卻混雜著三、四個額外的話題。或是明明在問一個事實，對方卻回答他個人的感想。

這種回答方式，會造成聽者混淆。

所以才會說：「一頁簡報中，只能放一個想說明的重點。」

在開會時也是，一個議題做一個結論。一個一個討論，絕不能混在一起。

這是要清楚表達時的原則。

那麼具體而言，我們應該注意些什麼呢？

原則有三個。

①一問一答的原則

②種類呼應的原則

③一句話對應一種內容的原則

接下來我將會一一解說以上原則。但在這之前，我希望大家先明白一件事。

在商場上的溝通，多為上司⇕部下、前輩⇕後輩、公司外⇕公司內。無論是哪一種情境，「對話」的機會都比一個人單方面說話的機會要多上許多。

對話也就是「面對面好好討論」。

由於這點非常重要，我再重複一次。

要**好好討論**。

也就是說，雙方之間會有互動的意思。當互動越多、越密集，對話就會變得更順暢。

而剛才提到的三個原則，都必須建立在上述的基礎上。

## ① 一問一答的原則

這是一個關於「數量」的原則。當被問一個問題，就回以一個答覆。

例如：

前輩：「你上一份工作在做什麼啊？」

後輩：「我上一份工作是做總務。但由於我很喜歡與人交流，所以這次決定找業務工作，也被錄取了。」

前輩之所以詢問上一份工作經驗，只是要確認能安排什麼樣的工作。但後輩除了前份工作的內容外，還加入了自己對未來的抱負，導致整段話更以難理解。

若依循一問一答的原則，對話則會如下。

後輩：「我以前做總務，管理兩百間店面的備品。」

前輩：「原來如此。你很擅長細節管理嗎？」

後輩：「其實我很不擅長。」

前輩：「原來如此，所以這次才會選擇當業務嗎？」

後輩：「沒錯。而且我一直很喜歡與人交流。」

如此一來，便會構成對話，進而增加互動。

## ②種類呼應的原則

這是一個關於「種類」的原則。

上司：「田中，山田商事的事情如何了？他們有說什麼時候會回覆嗎？」

田中：「應該差不多要回覆了……」

此時上司問的是「他們有說什麼時候會回覆嗎？」的事實。

田中回覆的則是他的感想。

事實和感想並不屬於同一種類，所以要注意「危險請勿混合」原則。

**當對方問你一件事實，**

就請你統一對話種類，**以事實回覆：**

「他們說○○前會回覆。」

「真的非常抱歉。我忘記問對方什麼時候會回覆了。」

還有其他如被詢問「今天的商談結果如何？」的例子。

此時對方想問的是「合約有簽到嗎？還是沒有簽到？」的事實。

針對這個問題，若加入自己的感想回覆：「唉，雖然對方很有興趣……」就會觸犯「危險！請勿混合」的原則，讓對方感到煩躁。

所以此時應該以事實來回覆，回答：「沒簽到合約。」

**用事實回覆事實。**若被問感想時，則以感想回覆。絕對不能把種類混在一起。

## ③一句話對應一種內容的原則

這是關於「密度」的原則。

「遠端工作的好處就是可以減少交通時間，不需要準備空間，以及就算距離遙遠仍能對話，不過當然也有壞處，像是對話機會減少，還有難以看到對方的表情。還有……」

一個句子內混雜了許多事，內容的密度非常高。

且當一個句子中摻雜許多「那個、這個、還有」時，容易使聽者混淆。

每句話之間應以句點區隔。**且一句話中，只能表達一件想說的事。**

如此一來，文章將變成以下模樣。

「遠端工作的優點有三個。第一個是能縮減交通時間。第二個是不需要準備空間。第三個是就算距離遙遠仍能對話。」

我刻意將句點做強調了。

**當我們把句子縮短後，對方也比較容易在「。」的時機插話。**

如此一來，也能增加彼此之間的互動。

不擅長對話的人，請試著回歸對話的原點。

對話就是「面對面好好談話。」。

一個人霸佔著球是無法取得勝利的，在KTV中不放下麥克風的人也會惹人厭。

對話也是如此，彼此之間的互動相當重要。

當對話來往變得頻繁，即能提升溝通品質，和對方之間的關係也會變得更加穩固。

success of communication

**實踐「危險！請勿混合」規則，增加對話交流。**

## 專欄① 五秒便能判斷誰說話容易被打斷

「不好意思，關於昨天山田商事給的合約……」

說話容易被打斷的人，通常都會採取這種說話方式。

這樣的說話方式錯在哪裡呢？

錯在完全沒有站在對方的立場想。

稍微想像一下對方的想法吧。

若你只是想分享資訊，那對方只需要大致上聽一聽就好；若你想找對方商量，那對方就必須認真聽你說完。

若對方需要回饋，那就必須在聽的同時想建議。

若對方需要你的裁決，那你就必須審慎思考這件事是否在自己的裁決範圍內。

依據話題內容，聽的一方必須採取的角度也不同。

所以當對方不清楚你說話的目的時，就必須問：「等等，你在說什麼事？」在最初的五秒便打斷你。因為他不知道該採取什麼樣的角度去聽你說話。

而對於這個問題，解決方式就是在對話前先表明目的，讓對方知道「你希望他做什麼？」

若事先表明「我有事要分享」、「我有事想商量」、「我希望你可以給我一些回饋」、「我有事想拜託」、「我有一個提案」、「請你幫忙裁決」，被打斷的機率便會大幅下降。

想習得有效溝通的說話方式，最快的方法便是記得在溝通時站在對方的立場想。

重點②

# 整理

## 避免讓對方出現「算了」的念頭

改善冗長的說話方式

# 1 話題跳躍、偏題、鬆散的原因

雜亂無章的話語實在令人非常難以理解。

不但話題跳躍，還支離破碎。

若在想法混亂的狀態下說話，不僅無法傳遞真正想表達的事，有時對方甚至會乾脆說「算了，不用說了」。

若只需直接發表決定事項固然輕鬆。但在商務場合中，不一定每件事都適合如此處理。我們往往必須迅速發表自己的想法，當被問到問題時，也必須立即回答。

在這種時候，是否有方法能讓我們「說話不跳躍、不偏題、不鬆散」呢？

當然有。

那就是依循**目錄理論**。

正如其名，目錄理論就是在開始說話前，先展開話題目錄的一種說話方式。

避免讓對方出現「算了」的念頭——改善冗長的說話方式

一聽到目錄，第一個出現在你腦海裡的是什麼？應該是書對吧。書中都有目錄。有目錄時，話題就能依照目錄順序展開。

本書當然也有目錄。所以就不可能在中間突然插進「料理的調味方法」、「寵愛小貓的方式」這種毫無瓜葛的內容了。

**目錄就是話題開展的架構**。

只要有目錄，就不會有話題跳躍、偏題、鬆散的問題。

那麼我們該如何將目錄理論運用在平時的對話上呢？

例如被問到「怎麼會變成這樣？」時，可以回答「我能先告訴你問題發生的**背景**和**原**

**因嗎？**」

就像目錄1「背景」、目錄2「原因」這樣，如目錄一般先展示給對方看。

若要教導後輩工作的方式，則可以先告訴他：「我會依照這項業務的**執行目的、內容、實施事項**的順序講解給你聽。」

像這樣先表明話題的走向，就不會有話題跳躍、偏題、鬆散的問題了。

**不過說話時的目錄，不需像書本的目錄一樣多。**大概是頭腦能記住的數量便足夠。

像是在新的職場上自我介紹時，也可以先前情提要：「我**想談談上一份工作的經驗、進公司的動機，和未來想挑戰的事。**」即便是三分鐘左右的內容，只要事先擬好兩、三個目錄，就不太會發生語無倫次的狀況。

有些人可能會說：「但即興秀出目錄這件事，本身就很困難……」

此時我建議大家可以試著運用**模板**。

你比較常報告，還是比較常提案呢？

若比較常報告，便可以設定成：

目錄1：結果　目錄2：詳細內容　目錄3：往後的行動

若比較常提案，便可以設定成：

目錄1：內容　目錄2：優點　目錄3：風險

將常使用的目錄設定為預設模板。

當有需要的時候便能以模板為基礎，只要事先準備好，使用時就不會慌張了。

**即便只有兩到三個目錄也沒關係。對對方來說，能先看到話題走向會比較放心。**應該也能減少話題途中被打斷的機率。

希望各位都能活用目錄理論，養成整理說話內容的習慣。

*success of communication*

**擬定目錄，秀出話題的走向。**

## 2 讓思路整理走向自動化

「明明很努力地說明，卻被說『我聽不懂你在說什麼』」、「我想更言簡意賅地說明，但對方卻聽不太懂。」

有時也會發生這種狀況。

**在當下整理好重點，並傳達給對方。**的確不容易。因為依據要傳達的對象不同，說話的內容也會完全不同。

例如要和小學生解釋「通膨」時，若解釋「通膨就是通貨膨脹的簡稱。就是物品價錢不斷上漲的狀態，也代表錢的價值不斷降低。」我想小學生應該無法理解。

但若如圖示一般，說明：「通膨就是原本一百圓的餅乾，變得必須花兩百圓才買

**像小學生解釋「通膨」時**

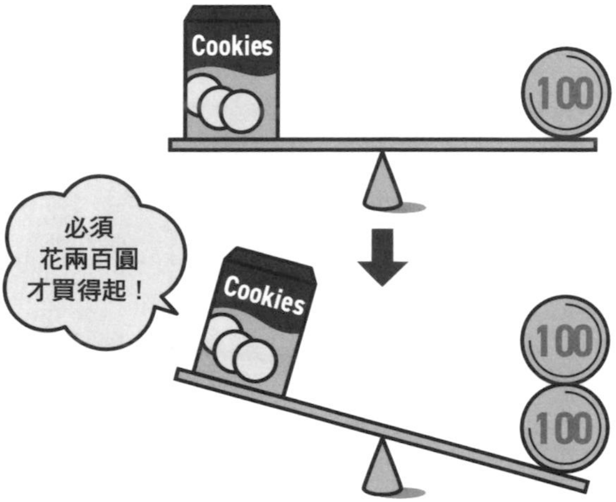


得到。」

我想應該比較好懂。

相反的，若用餅乾的例子來向經營者解釋，對方恐怕會生氣，認為你看不起他。

也就是說依據傳達的對象，說話的內容會有大大的不同。

若有時間整理話語，那當然是再好不過了。但事實上不可能總是有時間。

因此我們需要**能迅速整理想說的話，並迅速表達的「整理能力」**。

而迅速整理話題的重點在於**事先決定好整理方式**。

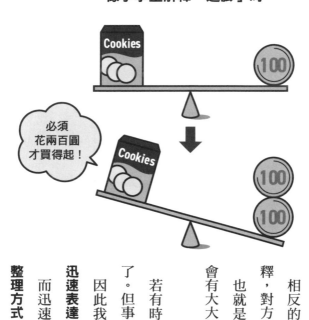

突然這麼問也許有點唐突，請問你家有「衣櫃」嗎？

假設有一堆洗好的衣物到了你面前，你必須收拾好。

此時，若有衣櫃就方便多了。

「T恤放這裡，內褲放這裡，襪子放這裡」。由於東西通常都擺放在固定位置，所以馬上就能整理好了。然而另一方面，若是由完全不知衣櫃擺放規則的人來整理，就是一場災難了。「T恤該放哪裡啊？內褲跟襪子呢？」不得不花上許多時間整理。

若在整理之前先想好整理方式，就能加速整理速度。

接下來讓我們試著將這個道理套用在整理話語上。

**第一層是「說話對象」**

**第二層是「說話內容」**

**第三層是「說幾件事情」**

**在整理話語時，應從上層抽屜依序打開。**

首先是第一層。

**說話對象：告訴○○**

然後是第二層。

**說話內容：傳達○○**

最後是第三層。

**說幾件事：傳達三件事。第一點是○○，第二點是○○，第三點是○○**

用這樣的方法來整理話語。

例如：

●第一層：說話對象？「廣告負責人山田」

●第二層：說話內容？「TikTok的介紹：TikTok是一個可以上傳短影音的平台」

●第三層：說幾件事？「說明三件事：①有世界第一的下載次數 ②在國高中生間竄紅，現在風靡各個世代 ③產品宣傳效果極高」

第一層是「**說話對象**」

第二層是「**說話內容**」

第三層是「**說幾件事情**」

第一層的「說話對象」是重點所在。
若要向八十幾歲的對象介紹 TikTok，那介紹第二層「內容」時的方式就會截然不同。
如此一來，第三層也會跟著轉變。

若要獲得批准時，整理方式就會如下。
●第一層：說話對象？
佐藤部長
●第二層：說話內容？
關於展覽會的裁決
●第三層：說幾件事？
三件「①企劃內容　②利益　③費用」
這也可以說是一種**衣櫃式思考**。
話語的整理方式就如整理衣櫃一樣。只要事先定好整理的規則，就不會迷惘。

大多數的人都是因為沒有事先決定好，才會陷入泥淖。

特別是若未設定好第一層的「說話對象」，話語就會變得更難懂。最後往往會被問：「你在說什麼？」話題遭到打斷。

所以我們應該在一開始就先決定好整理的方式，然後再自動化整理。

**聰明的人並非能瞬間整理好話語，而是有事先訂定好整理的機制。**

*success of communication*

**事先設定好整理話語的方式。**

## 3 讓說服力倍增的分層思考方式

前項有提到「應事先設定好整理話語的方式」。

這是一個非常有效的方式。

就像在做便當時也是如此。先準備好隔板再放入菜色，就不會讓便當變得亂糟糟的。

而說話時亦同，若未事先決定好整理方式，話語就容易變得雜亂無章。

然而還是有人即便整理過話語，仍無法將話順利傳達出去。

即便說話時系統性地建立順序，仍得到「不是這樣啦！」、「我想問的不是這個」的回應。實在令人難受。

「明明有好好整理後才說話，但對方卻仍不明白。」

**這種時候，請先確認一下你「有沒有搞錯階層」？**

## 說話時，分為抽象與具體的階層

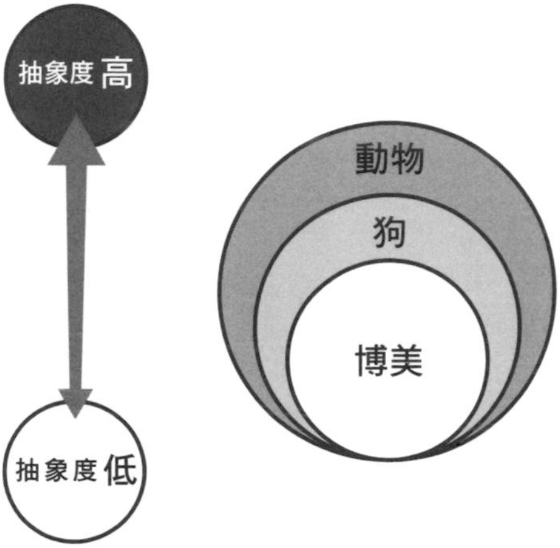


例如動物之中有狗這個分類，而狗之中又有博美狗的分類。就像上圖所示，同時存在抽象與具體的概念。

而凡事的順序，都應從抽象到具體。

假設今天我們要思考「要過得健康，應該做什麼？」這個問題好了。

目的：想維持健康

↓

目標：每週運動一次

↓

實行事項：加入健身房

從抽象的「目的」開始漸漸延伸到具體的「實行事項」。這就叫做「階層」。

**在對話時，說話的階層會在「抽象、具體」之間來回。**所以有時會發生混亂。

這是常見的案例。

當你在說具體策略時，對方卻生氣說：「說點更本質性（目的）的事情吧！」說了本質性的事後，又被罵：「提出一些更具體的點子！」

讓人不知該怎麼做，非常混亂。但其實問題只是你們追求的階層不同而已。

就像被問：「你喜歡動物嗎？」的時候，若回答：「我喜歡狗」，不是有點奇怪嗎。

在回話時，必須先確定你們的對話屬於哪個階層。若與對方處於不同階層，即便整理好話語，也無法順利傳遞給對方，更無法增加說服力。

在公司中，常會出現這種模式的思考方式，舉例如下：

**商務場合常用的對話階層**

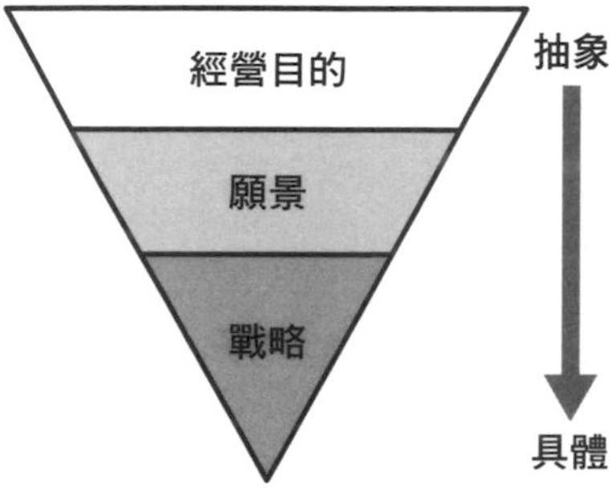


經營目的：以食物打造身心靈富足的社會

願景：將完全無添加的食材傳遞至世界

戰略：打造全球性的集中管理方式

從經營目的這種較抽象的本質性議題，延伸到戰略這種具體性的議題。

先確認想說服的對象在談論哪個階層的事，進而配合是相當重要的。

接下來，我想請大家試著思考看看。

某間企業，上司和部下必須每個月面談一次。

會有如此規定，是因為近期遠端工作盛行，能面對面好好談話的機會變少了。

為此，大家集思廣益，討論面談時應該討論什麼話題。

A：「上司和部下互相報告工作進度就好了吧？」

B：「這樣和一般會議沒有差別。應該聊聊興趣和私下生活比較好吧？」

C：「但涉入過多私生活，會被部下討厭吧？」

話題內容怎麼都沒有結論。

若是你，會怎麼整理呢？

本段的主題是「階層」。

所以就試著從抽象度高的事情，往具體的事情整理看看吧。

「上司和部下每月面談一次的**目的**是什麼？」

⬇透過對話，加強團隊力量。

「為達到這個目的，**需要怎麼做**？」

⬇了解彼此，打造可以隨時互相支援的體制十分重要。

「為達到這個目的，**應該聊些什麼？**」

➡誠實聊聊彼此擅長與不擅長的事吧。開誠布公分享的話，就能明確知道該幫助對方什麼，或是應該請對方幫助自己什麼了。

這只是一個回答案例。但像這樣整理「階層」後，就能得知應該先討論什麼了。特別是在說服上級的時候，若在「階層」上不一致的話，對話會很難進行。

階層思考能透過每天的練習而學會。

例如在便利商店拿了鮭魚御飯糰後，可以試著練習想：「鮭魚御飯糰抽象化後就是御飯糰，御飯糰抽象化後就是米飯，米飯抽象化後就是食物」。

抽象與具體來回轉換的過成，對鍛鍊大腦十分有益，大家務必試著運用在日常生活中。

*success of communication*

**整理階層，配合對方問題的層級。**

# 4 讓話語合理的邏輯思考

「那個人的邏輯很清晰」、「說話很合乎邏輯又具說服力。」

你身邊也有這樣的人嗎？

說到底，合乎邏輯到底是什麼呢？

**邏輯就是「論理」的意思。**論理簡單來說就是說話的「道理」。

只要話語的道理通順，就更容易理解，對方也較容易接受。

相反的，當話語的道理不通順時，不僅難以理解，也缺乏可靠性。

例如：

上司：「田中，你說話最好要有邏輯一點比較好。」

部下：「為什麼？」

## 道理通順的三角邏輯

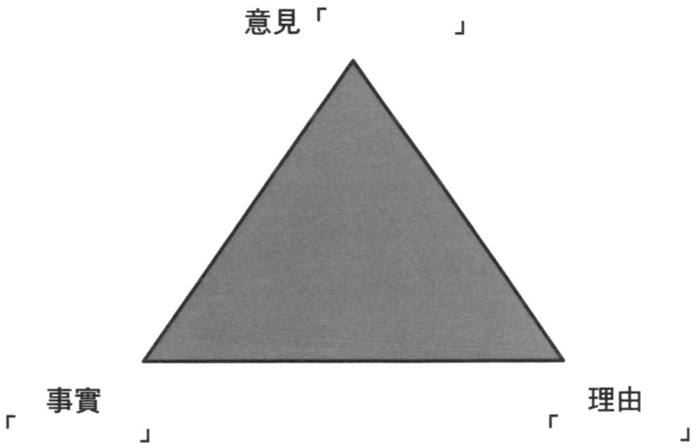


上司：「因為說話有邏輯比較好啊。」
部下：「……」

道理通順也就是合乎道理的意思，但這位上司說的話卻令人摸不著頭緒。

合乎道理的說話方式看似困難，但其實有一個能輕鬆達成的方法。

**請如上圖畫出一個三角形。**然後寫下意見「」、事實「」、理由「」，並填寫各個「」。

寫好之後，請依照**意見**、**事實**、**理由**的順序說說看。

如此一來，你說的話聽起來便會十分合乎道理。

（例）與便利商店店員的對話

意見：今天下單雨傘的數量，訂在平時的三倍吧。
事實：今天一整天都在下雨。預報也說明天的降雨率有八成。
理由：因為雨天時雨傘的銷量是平時的三倍。

這麼說的話，很合乎道理對吧。

但如果說：「多下單三倍吧，總覺得這樣比較好。」就欠缺說服力。

還有以下例子。

意見：調高冷氣溫度好嗎？
事實：現在設定在22度。
理由：身體冰冷血液循環不佳，身體會變差。

「三角邏輯」就像相機腳架一樣，只要有三個支點，邏輯就會穩固。三角邏輯有趣的地方，在於可以依據狀況選擇要先從意見、事實，還是理由開始說。

常常有人會說：「請從意見開始說起。」

的確，有時從意見開始陳述會比較好理解，但有時則並非如此。

假設部下要給上司意見。

部下（例1）

「（意見）：部長，關於會議時間，我想要從一小時調整為三十分鐘。」

「（事實）：上次跟上上次開會，都花了三十分鐘的會議時間念資料。」

「（理由）：若只是要念資料，那可以在事前發資料給大家，讓大家各自先看完就好。」

若突然對部長主辦的會議發表這種意見，會讓部長面子掛不住，被罵也是必然的。

因此我們應該依據狀況，自行調整說話順序。

部下（例2）

「（事實）：上次跟上上次開會，都花了三十分鐘的會議時間念資料。」
「（理由）：若只要念資料，可以事前發給大家先看過，說不定更有效率。」
「（意見）：所以把會議時間從一小時調整為三十分鐘如何。」

調整事實、理由、意見的順序，說話方式變得溫和，部長也更能接受部下的意見。

以「意見」、「事實」、「理由」的三角方式傳達，也能看出你的意見並非一時興起，而是有事實支撐，也有正當的理由，被接受的機率也將大幅提升。

希望大家都能打造穩固的邏輯，提高對方說出「原來如此」、「說得沒錯」的機率。

*success of communication*

**用「意見」、「事實」、「理由」三角，說出邏輯通順的話語。**

## 5 讓你無敵的批判性思考

你是否也曾有這樣的經驗呢？

・總是全盤相信某人的意見
・被說「把這個做好」時就照做，沒有一絲懷疑
・只要一認定一件事，就會深信不疑向前衝

若要用一個詞形容，大概就是「聽話」吧。
雖然這是好的特質，一旦過了頭，就會衍生「思考停滯」的問題。
若別人說什麼就照做，或照過去方式處理，將失去自己思考的能力。

例如以下狀況：

部下：「本期多出一百萬左右的預算，所以打算規劃每年慣例舉行的員工旅遊。可以開始籌備了嗎？」

上司：「為什麼要辦員工旅遊？辦研修也不錯啊。」

部下：「咦……喔……」

因完全不同的意見而退縮。

部下：「年輕員工的離職率超過30％了。我們必須在應徵階段，就看出人才是否很快就會離職。」

上司：「這點固然重要，但進公司後的教育體制應該也有問題吧？」

被別人從不同的角度質問。

對於人的大腦來說，反覆執行曾經做過的事比較輕鬆。

由於不用深刻思考，大腦比較不費力。說穿了，其實就是想盡可能不動腦過生活。

但日常瞬息萬變的，時代也會改變。因此我們的想法也必須隨之應變。

在這裡，我要教大家一個打破思考停滯僵局的方法。

那就是**「Critical thinking」**。

這個詞聽起來很難對吧。

**Critical thinking的直譯就是「批判性思考」。**

大家也許對「批判」這個詞帶有負面印象，但其實並非如此。批判其實就是具有建設性的懷疑。

並在「這真的正確嗎？」、「有符合前提嗎？」、「沒有別的方法嗎？」來回思考之下，找出最好的解答。

Critical thinking在約莫二十年前，被納入商務教育的範疇之中。在二〇一六年的世界經濟論壇年度大會（達沃斯會議）上，也將Critical thinking列為「二〇二〇年必須擁有的商業技巧」中的第二名。

假設你認識的人要向你介紹一個投資案。

「我的投資信託有20%的年報酬率。可以從每月五萬圓開始投資，你要不要試看啊？」

若聽到這段話後，你的反應是「好厲害喔！」表示你的思考停滯了。不過我想應該沒有人會如此天真。

此時，我們應該試著有建設性地以批判的眼光審視。

「但也有投資額變成零的風險」

「雖然你說年報酬率20%，但不一定永遠是如此」

「我對投資沒興趣，所以沒必要試」

「我沒有相信你到這個地步」

這就是所謂的Critical thinking（批判性思考）。

**Critical thinking是一種驗證思考正確性，並理清論點的思考方式。**

那麼該如何將批判性思運用在商場上呢？

最棒的方式就是對**「自己」**使用。

在我們向他人傳達任何事情之前，應先抱有「說不定是這樣」、「說不定有其他可能性」、「說不定其實是那樣」的想法，對自己的主張抱持疑問的態度。

而具體的作法，就是在要發表前對自己提出疑問，建設性地懷疑你現在要說的話。

①自己是以什麼前提說這些話？

②是否有其他可能性？

因為當前提錯誤，結論必定也是錯的；而結論也不一定只有一個。

我向大家舉個例吧。

假設你的後輩找你商量「該怎麼做才能提升年薪呢？」

**①前提是什麼？「試著懷疑前提」**

・年薪指的是什麼？
・真的有必要提升年薪嗎？
・你的目的不是增加年薪，而是想增加能自由運用的金錢吧？

應該能想出許多要確認的前提。

**②沒有其他的結論嗎？「試著從不同角度看事情」**

・要不要先試試省錢這個方法？
・比起年薪，應該要專注在收入上吧？
・用投資和保險增加資產，似乎也是一種可能？

等等，也能理出許多結論。

比起直接建議「提升年薪的方式是○○」，這麼做會讓你的建議更廣，也更有深度。

剛才我舉的是他人找你商量的例子。但在你製作提案資料，要在會議上發表前，也務必在事前以同樣的方式詢問自己。

①前提是什麼？

②沒有其他的結論嗎？

若是經得起各種角度檢視的提案，無論其他人怎麼問，你一定都答得出來。**也不再會因為意料之外的問題，而表現得吞吞吐吐。**簡直達到無敵狀態。

透過事前問自己問題，讓自己的主張變得更俐落吧。

*success of communication*

**透過建設性的懷疑，打造被問什麼都答得出來的無敵狀態。**

## 6 精準傳達重點

也有許多人認為「雖然學了很多整理話語的方式，但真正在整理重點時，還是覺得很困難。」

「若能更迅速、更精準地整理重點的話就好了。」

真的有如此神奇的事嗎？

其實是有的，那就是**三分法**。

**用英文來說，就是「there are 3」。**

首先就是說出：「有三個」。僅此而已。

人類對三這個數字有種熟悉感。例如日本三大景、日本三大名泉、日本三大煙火等等，常與三這個數字做結合。獎牌顏色的金銀銅、花牌的豬鹿蝶、吃角子老虎的777等。

既不是二也不是四，偏偏是三。我認為這是因為三是個好記，也能引人共鳴的數字。

在LINE群組中也是，在三人群組的狀態下，所有人都會頻繁發言。但當變成四人時，群組卻會變得安靜。這是因為當有四個人時，會有資訊量過大的感覺。

**當我們要迅速傳達話語的重點時，可以先從「有三個」起頭。**

「今天我要告訴大家三件事情。」

「要達到這個目標的重點有三個。」

「這個商品有三個優點。」

當說出「三個」後，對方的腦中便會自動準備三個箱子。

而同時你的腦中，也會浮現三個箱子。

接下來只需要填滿箱子即可。

**因此若想整理重點，必須先準備箱子。**

雖然兩個或四個也可以，但兩個好像有點少，四個又好像太多而難以整理。三個似乎還是最妥當的數字。

假設有人問你：「請告訴我三個蘋果的特徵。」你會怎麼回答呢？

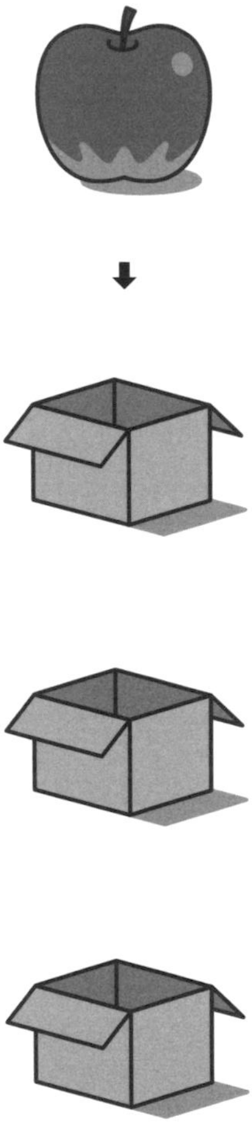

大概會回答「紅色」、「酸甜」、「口感鬆脆」之類的吧。
我想應該很難聽到「有蒂」、「蒂很粗」、「四千年前就有人開始栽種蘋果」這種答案吧。

順帶一問，你喜歡哪種肉呢？
我喜歡「牛五花」、「橫隔膜」，和「牛舌」。像「牛百葉」等不常吃到的部位，自然不會出現在我的腦中。
很不可思議的，當聽到三個，**我們就會用最快的速度找出三個需要的答案。**這就是有趣的地方。

當我們去買手機時，若只聽到「這支手機很便宜，我很推薦」一個特色，似乎有點難以被說服；若聽到「這支手機有十個值得推薦的地方」，則感覺對方講很久而興致缺缺。
相較之下，「這支手機有三個值得推薦的地方，價廉、通訊速度快、全世界最輕」的介紹就比較能讓人有共鳴。

要說到「三」的代名詞，就不得不提史蒂夫・賈伯斯的發表。

今天我要發表三項革命性的新產品。
第一是能觸控操作的iPod、第二是革命性的手機、第三是跨世代的網路通訊裝置。
iPod、手機、通訊裝置。
大家應該都知道iPod和手機吧？
而我要介紹的並非三種獨立的裝置，而是一種，它的名字叫iPhone。
蘋果重新發明了手機。

這就是一個從「三」展開，精彩絕倫的例子。
關於「有三個」的三分法，我在講座和研修上都曾不斷提及。在書中也頻繁寫到。
之所以這麼做，是因為誤用的人非常多。
即便知道「有三個」的方法，還是很多人在說話時不習慣分段，會在話中摻雜許多

「那個、這個、那個……」。

也有人明明用了「有三個」的方法分段，卻仍不小心會說：「第一點是○○，○○就是……」詳細說明起來。

**一開始就先點明「第一是○○，第二是○○，第三是○○」，傳達重點。然後再分別詳細說明會好懂得多。**

在這一段中，我介紹了在腦中精準整理重點的「有三個」方法。

希望大家務必活用這個精準表達重點的技巧。

*success of communication*

**準備三個箱子，整理出重點。**

## 專欄② 跟不上話題的轉變

無論是商場上的談話，或平時隨性聊天時，話題都會時常改變。有時一個沒跟上，就會搞不懂後面談話的內容。要不就是太過在意前面說的內容，而聽不進後面的話題。

你是否也有跟不上話題的經驗呢？

例如在討論新商品概要的時候，某人突然提起價格定位，另一個人則對販賣方式提出要求，又有人提起過去相似商品的事情等等。

而此時，若突然有人問你：「○○，你覺得如何呢？」要求你提供意見，很容易陷入「他在問什麼啊？」、「現在到底在討論什麼事？」的情形。

為避免這種情形發生，我們必須緊跟著話題。

即便話題轉變，仍能順利跟上的方法，就是要抓住**「話題之間的接點」**。

實際操作的方式如右圖。

## 抓住「話題之間的接點」

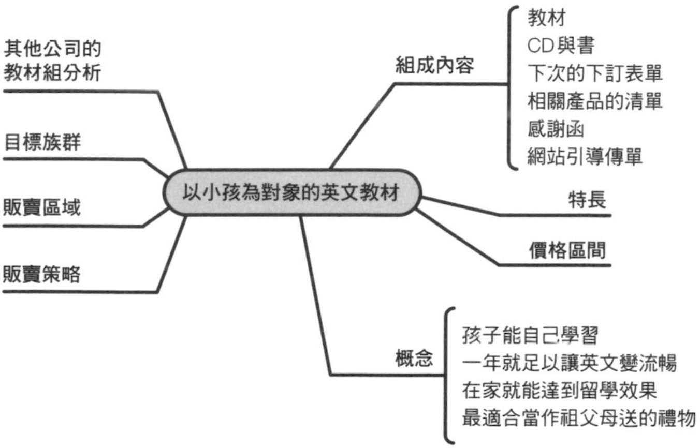


畫成心智圖也許有點誇張，但這麼做就能以中心主題為起點，在聽大家談話的同時，以簡單的關鍵字記下正在談的話題。

當話題變化時，就能從話題中生出分枝，然後漸漸延伸下去。

其中的訣竅就在於要用做筆記的方式簡單記錄，不應過於拘泥精準度。當手一旦停下來，將難以跟上話題。

所以應該先展開分枝，拓展整個話題。只要話題之間有關聯性，應該就能輕鬆理解。

重點 ③

# 想像

## 將平時令你心煩的事情轉化為話語

只要事先準備，就能更簡潔、精準表達

# 1 說話無法產生畫面

將腦中所想的事情轉換為語言的過程，稱之為「言語化」。

有時將事情言語化相當困難。

我常聽到：「無法以對方較好懂的言語表達」、「不擅長連結事物並做說明」、「不小心只從自己的角度說話」等類似的心聲。

**特別是在表達感受時，言語化的難度更是會一口氣提升。**

巨人先生長嶋茂雄在年輕時曾如此播報。

「沒打到球時真的超震驚，那種震驚會瞬間襲來。實在是太震驚了，該怎麼形容呢。」

這番解說方式確實會讓聽者熱血沸騰，長嶋先生不愧是大明星呢。

但在商務場合，為了讓對方確實了解你說的話，我們還是必須把較為空泛的內容轉換至對方能聽得懂的狀態。

會被說「光聽你說的我無法想像」，可能是因為：

- 說法太模糊，難以理解
- 過於抽象，未能傳達出真正想表達的事情
- 模糊不清，無法想像畫面

想說的事情彷彿籠罩著一層霧般的狀態。

因此能做的只有一件事。

那就是啟動**「具體來說」**這句話。

例如若有人問你「包裝用這個顏色如何？」時，若只回答：「再明亮一點應該會比較好。」就過於籠統了。

所以在說完這句話後，應啟動「具體來說」這句話，例如：

「**具體來說**，若用向日葵黃應該會更顯眼。」

當對方難以想像畫面時，就應該說得更具體一些。

雖然這句話聽起來很理所當然，但其實並非所有人都能把話說得具體。

**我希望大家記得把「具體來說」這句話掛在嘴邊。**

因為當說出「具體來說」這句話後，就勢必得把話說得更具體，想必不會有人這樣：

「我喜歡傑尼斯。」

「具體來說，你喜歡的是誰呢？」

「傑尼斯。」

一般來說，當被問「具體來說？」後，對方應該就會告訴你「我喜歡〇〇」，給你一個具體的名字。

所以我希望你也對自己使用這招。

甚至可以在說完「具體來說」後，再思考之後的內容也沒關係。

而公式非常簡單，就是：

**「我覺得〇〇」＋「具體來說」**

若從一開始就滿腦子想著要將話說到最明確，將導致開口的次數變少，而這是一個非常危險的狀況。

所以一開始說得大概一點也沒問題。只要在後續開啟「具體來說」，便能將說出的話具體化。

因此最重要的是要先開口，接著再盡可能輸出。

即使一開始只能說一些較為模糊的話語，但練習久了之後也能鍛鍊表達能力，讓說話方式發展成熟。

**言語化就是輸出內容的結晶。**

*success of communication*

**模糊的表現＋啟動「具體來說」，把想法言語化。**

## 2　將想法言語化的「說話方式模板」

容我再說一次。輸出的量越多，越能精進言語化的能力。這是因為越常開口說出想法，就會有越多學習言語化的機會。

那平時鮮少發言，也很少有機會在人前說話、發表意見的人該怎麼做才好呢？這種人可以**利用想像力**鍛鍊言語化能力。

利用想像力指的是什麼意思呢？

我們在學校的學習，就是被投以「請閱讀以下文章後作答」的問題，並加以作答。**我們早已習慣一問一答的思考流程了。**

請各位試著回答這個問題。

Q：該如何促進你在職場上的人際關係呢？

例：

・先定義什麼是「人際關係變好」
・調查人際關係不好的原因
・舉辦本田發明的「暢所欲言」式會議

也許會出現許多種答案。

請大家再試著回答一個問題。

Q：為了讓自己的說話方式進步，你覺得從明天起該做什麼努力？

例：

・向〇〇詢問意見
・增加說話機會
・實踐這本書中的其中一個方法（若是這樣就太令人開心了）

針對這個問題，應該也會出現許多答案。

我想大家周遭應該也有一些必須解決的問題與課題。

首先，我們可以先建立

**Question問題：「　　　　　　　　　　」**

然後將

**Solution解決方式：「　　　　　　　　　　」**言語化。

由於這些問題只存在於你想像中的世界，因此無論是哪種Q（問題）或S（解決方式）都行。**如此一來，連平時不太說話、不太在人前說話，或沒機會發表意見的人，也能有機會輸出了。**

而這麼做的優點是什麼呢？

若常練習，當被問到「你對這個問題有什麼想法？」時，就不再會支支吾吾的，而是能迅速將自己的想法言語化。

因為你在平時就已在腦中訓練過如何建立問題，並將解決方式言語化了。

*success of communication*

**運用想像力，將Q（問題）和S（解決方式）言語化。**

現在請試著寫出三個Q（問題），例如：

Q：該怎麼瘦五公斤下來呢？

Q：該怎麼讓假日過得更充實呢？

Q：該怎麼在三月前考取證照呢？

也許你不會在今天就想到解決方式。但是當你意識到這些問題，就會讓思考變廣、變具體，或會出現更多點子，並在往後轉換為言語的形式。

**問題意識較高的人，在平時就會設立許多問題。**

這種人回答出解決方式的機率較高，提出的意見也更為敏銳。

問題意識的高低，也可說是言語化的基礎。

## 3 擺脫詞窮的訣竅

你是否曾聽過「詞窮」這個詞呢？
詞窮就是「詞彙很貧乏」的簡稱。當我們認識的詞彙很少時，常會提到這個詞。
「無法在當下說出適當的詞彙，非常懊惱。」
「每次都用一樣的措辭，好膩。」
「無法依據不同的對象改變說話方式，導致氣氛變得很怪。」
每當這種時候，許多人都會感到「自己很詞窮」。

若詞彙夠豐富，說不定就能夠更貼切地表現自己的想法了。
那麼我們該如何增加詞彙量呢？
答案就是**讓我們的五感變得更敏銳。**

你並不需要吸收很多詞彙。

只要將自己感覺到的事情直接化為言語，就能讓表達變得更豐富。

假設你摸到一張柔軟的浴巾。

你深深感受到浴巾的柔軟度，因而說了：「真柔軟。」

若只是這麼說，聽起來確實有詞窮的感覺。

那麼就試著讓五感更加敏銳吧。

如此一來，會變成這種感覺：

「真柔軟。摸起來很蓬鬆，很舒服！我第一次摸到這觸感。」

**試著深化你最真實的感受。**

你的想法是否變得更具體了呢？

接下來，舉幾個例子給大家參考。

「這秋高氣爽的天氣，真是舒服。」

光是這麼寫，是否令人有種詞窮的感覺呢。

可以試著改成：「藍天上只有一層薄薄的雲。加上暖風吹拂，這秋高氣爽的天氣真是舒服。」

試著將感受更深化後再傳達。如此一來，應該就能把上圖的風景傳達給對方了。

也就是說讓五感更敏銳，像這樣深化並相乘：

【視覺】看到什麼？

【聽覺】聽到怎樣的聲音？

【嗅覺】聞到什麼味道？

【味覺】嚐到什麼味道？

【觸覺】觸到什麼樣的觸感？

**五感其實相當容易表達**。因為我們每天都會使用到。

即便不查字典，你的心中其實已經有許多詞彙了。只要將這些詞彙說出來，你的表達能力就會大大提升。

「無法順利說出詞彙」的人，則能試試下一個方法。

當缺乏詞彙時，可以試著去想像實際的場面。

假設你看了一部電影，覺得很感動，光說：「這部電影讓我很感動」並無法讓對方感受到。

請試著具體想像感動你的那個畫面，就如右上方照片一樣。

此時若要將這一幕言語化，便能說：「我真的好感動，淚腺像不受控制一樣，淚流不止。」應該就能深化表達。

再舉一個例子。

若想對組員說「讓我們來打造一個令人興奮的企劃吧！」時，可以試著先想像一個看起來相當開心，如上方照片的場景。

接著對大家說：「就讓我們打造一個能令大家深陷其中，並心跳加速又興奮不已的企劃吧！」

若以電影畫面或照片想像的話，將更容易說出口。因為眼前的素材會讓你更好發揮。

此時必須抓住你要的素材，並讓五感變得更敏銳，表達出你所感受到的事情。

如此一來，你真正想傳達的事必定能成功轉化成語言表現出來。

*success of communication*

**讓五感變得敏銳，表達出你感受到的事。**

# 4 絕不能被問「那件事的後續如何？」

若有人問我：「達到有效溝通最大的祕訣是什麼呢？」

我會這麼回答：「**依循對方的文脈說話**。」

就是在對方想聽的時機，依照對方想聽的順序，說對方想聽的事。

若能達成實在非常厲害，不過要百分之百達成實屬不易。

但是**我們可以一邊揣摩對方的想法，一邊說話**。

人會對於為自己著想的人感到放心。能夠互相放心交流，是人際關係中的大原則。

相反的，絕不能讓對方感到不安。

**特別是在職場上，有一句絕不能被說的話**。

那就是：

**「那件事的後續如何？」**

因為這是當對方感到不安時會說的超危險台詞。

例如：

「山田商事的案件後續如何了？」

「增加下載數的對策，規劃得如何了？」

「前幾天請你做的企劃書，進度如何？」

等被要求報告的案例。若你以為對方只是單純在確認進度，那可就大錯特錯了。

其實這些問題當中都隱藏著：

「因為我很擔心，所以向你確認。」

「你應該要先主動跟我報告吧。」

「這樣會讓我很不安。」

等心聲。

若你的孩子都不跟你討論自己對未來的打算，你會怎麼做呢？

假設你問他：

「你對未來有什麼打算？」

此時你應該也抱持著「我很擔心」的心情吧。

若女友告訴你：「我再也不想見到你了！」

你會完全相信她的話，直接離開嗎？

我想她會這麼說，也是出自於「真是的！別再讓我擔心了」的不安心情，並非真的想趕你出去。

**不安是溝通的地雷。**會讓一段關係化為烏有。

因此當我們成為社會人士後，第一個學到的就是「報、聯、商」。

這是因為無法正確報告、聯絡、商量的人，終將失去他人的信任。只要是社會人士，應該都聽過「報、聯、商」。

**在被要求之前就先行報告，是不可撼動的規則。**

但你可能會有些疑惑，不知道該向誰報告才好。

若將何時、向誰、報告事項規則化，將會讓報告變得容易許多。然而大多的時候，這些事都沒有明文規定。

此時就必須仰賴平時不經意的對話，以及對方的表情、聲調來觀察對方的心情，自行判斷「是不是該報告了」。

也可以說是一種與想像力的比賽，需要臨機應變地對應。

這聽起來很困難對吧。

但請放心，我剛才其實已經說出解決方式了。

沒錯。那就是「只要規則化，便會讓報告變得簡單。」

也就是說把報告變成一種例行公事。

**一天的工作，從報告開始。**

報告的對象有可能是上司，也有可能是組員。

也有些公司可能會在晨會上報告。只用短短五分鐘的時間，將報告變成一種例行公事。

即便沒有事情要報告時，也要和對方說：「今天沒有報告事項。」

進而向對方確認：「你有沒有想確認什麼進度？」

先說出「我有報告事項」、「沒有報告事項」、「你有沒有想確認什麼進度？」後，再開始一天的工作。

當報告變成例行公事，你的身體將會產生記憶。並能在對方感到不安前先行報告。

當被問「現在狀況如何？」的時候，其實並不是代表你的工作速度太慢。

而是對方因為不清楚進度、狀況而感到不安，所以才會提問。

**人一旦缺乏情報，便會變得暴躁。**

這是因為當沒有情報時，就會讓人開始擔心無法採取對策。並認為：「到底現在狀況是怎樣！」大發雷霆。

相反的，能仔細報告狀況的人就容易獲得信任。

若能報告到對方說：「不用報告了」的程度，最能獲得信賴。

**這也是所謂的「單純曝光效應」。是一種能透過反覆接觸，使對方好感度與評價上升的一種心理學現象。**

成也報告，敗也報告。不同的報告態度有時會讓你的命運截然不同。

所以務必要讓報告成為例行公事，讓對方放心。

*success of communication*

**將「我有報告事項」、「沒有報告事項」、「你有沒有想確認什麼進度？」變為例行公事。**

# 5 一次抓準對方的需求

・同一件事被指正很多次
・明明依照指示做事，卻常被打回票
・不擅於弄清對方的意圖

「我的理解力不足……」許多人應該都有如此的煩惱。

在接受指示時，若沒有非常認真地聽對方的需求，就會交出不符合期待的成品，或被多次要求重交，真的很辛苦對吧。

在這種時候，常出現的就是「5W1H」。

只要依循何時（When）、何地（Where）、何人（Who）、何事（What）、為何（Why）、如何（How）聆聽對方的需求，便能精準接收指示。

然而六點實在太多項。有時是記不得，有時則是沒時間聽完全部內容。因此這個方法並非萬能。

在職場上，有時對方提出委託時，只會先共享資訊，不一定會事先告知所有需求。所以在我的研修中，並未教導「5W1H」。我也未曾實際運用這方式來聆聽對方的需求。

不過**「5W1H」中，有一項我們絕對不能漏聽的項目。**

就是那麼一點，無論什麼案件都是如此。

那就是「目的」。沒錯，就是**Why（為何）**。

到底這個任務是為何執行？為何製作資料？為了達成什麼目標而採取行動？只有這幾點，必須先百分之百確認。

不知道你是否聽過「萊維特的螺絲洞」理論？

也就是**「來買鑽孔機的人，真正想要的不是鑽孔機，而是『螺絲洞』」**。

一位男性到五金店想買鑽孔機，並且向店員詢問問題。

男性：「請問有6毫米的鑽孔機嗎？」

店員：「目前缺貨喔。」

男性：「這樣啊。」（聽完答案後便離去。）

這樣的作法並無法提供任何價值。

店員應該要問：「為何（Why）你要用鑽孔機呢？」

若只是要開小孔，說不定只要用鑽頭就夠了。也或許客人只需要開了孔的板子。若是想蓋狗屋，那說不定直接買狗屋還比較快。

**以目的來發想，就能想出許多方案。**

無論是接收指示時，還是被要求製作企劃書時，只要目的是對的，大致上都能想像出對方的意圖。因此交出去的成品，通常不會與要求有太大的差距。

也許有人會說：「你說目的喔，我當然有確認啊。」

但我所謂的目的，必須十分精確。甚至是當問委託人和受託人：「做這件事的目的是什麼？」時，兩人會同時且精準說出一樣內容的精準程度。

如此一來會發現兩者間的目的常有落差，這也是導致必須重頭來過的元凶。

**唯有目的不能模糊帶過。勢必得言語化。**

當收到指示時，請先在筆記上寫出「Why」，再將聽到的內容記下來。

其實「5W1H」就是一種選擇與集中重點的方式。而我們應該著重的部分就是Why「為何」、「為了什麼」。

只要目的一致。就能超越下指示的人、接收指示的人的框架，產生夥伴意識，了解彼此擁有相同目的。也能達到更高的工作品質。

success of communication

## 必須掌握Why「為何」、「為了什麼」。

## 專欄③ 無法理解較曖昧的表達方式

這是從商務學院中的學生聽說的事。

有一天上司告訴他：「企劃部門田中委託的事情，你處理一下。」他便處理了。過幾天後，上司怒氣沖沖地罵他：「田中都跑來跟我抱怨了，所以現在狀況到底是怎樣？」

又有一天，上司要這個學生：「去和鈴木商事蒐集一下資訊，然後做報價單。」因此這名學生就去向鈴木商事蒐集資訊了。後來上司又問他：「所以他們預算是多少？」當學生回答：「我沒問。」之後又被罵了一頓。

諸如此類因無法理解「處理一下」、「蒐集一下資訊」這種曖昧的表達方式，而導致後續被斥責的案例非常多。

在「總之先做再說」的心態之下倉促行事的結果，往往非常慘烈。

所以我們必須先破解曖昧的表達方式。

例如當我們被問到：「好好處理」、「去聯絡一下」、「整理一下」等少量資訊時，心裡多少會產生：「什麼？」並產生：「好好處理是指什麼？」、「聯絡什麼？」的疑問。

此時請別忽視你心中的「什麼？」

- 被問「好好處理」時，應詢問對方希望最終達到什麼效果。
- 被問「去聯絡一下」時，應詢問對方希望你透過聯絡達成什麼事？
- 被問「整理一下」時，應問對方想要如何呈現？

雖然有時這些問題很難問出口，但總比事後重做無數次要來得好。

先問對方：「請問具體來說是這樣嗎？」、「我想再問詳細一點，可以嗎？」事先將曖昧的表達語言化吧。

重點④

# 模板

## 該如何回答突如其來、意料之外的問題？

預備答案的模板，面對未準備的問題

# 1 突然被點名時該怎麼辦？

你是否曾在「突然被問問題」、「被問到意料之外的問題」、「突然被點名」時，語塞答不出話來呢？

這真是非常高難度的挑戰，因為沒有事先準備好。

若一開始就知道對方要問什麼，當然能事先準備。但若突然被問，就得當下迅速動腦。

明明想給出最佳解答，但卻彷彿大腦過熱，整個腦筋一片空白。

也許你也曾因此感到後悔，想著「什麼都說不出來」、「要是剛才那樣回答就好了」。

而避免這個狀況的方法，就是**「為突擊性問題做準備」**。

該如何回答突如其來、意料之外的問題？——為突擊性問題做準備

也就是事先決定說話的**「模板」**。

若事先決定好「發生火災時，要從這條通道逃跑」，一有突發狀況便能立刻行動。

就如同這個道理。我們應事先決定好突然被問問題、被點名時的答題「模板」。而這就是所謂的為突擊性問題做準備。

而到底有哪些模板呢？

在商場上，有兩個幾乎每天都會出現的說話模板。

第一個是【結論】⬇【原因】⬇【結論】的模板。

也就是在結論中加入原因的**三明治模板**。舉例如下：

（例1）

上司：「這期的業績統計，你大概什麼時候可以完成？」

部下：

【結論】「下週五。」

【原因】「業務部下禮拜三會給我準確的數字。」

【結論】「我會在統計那些數字後，於下週五提交。」

（例2）

上司：「你這次要主打的概念是什麼？」

部下：

【結論】「高級感。」

【原因】「目前的甜點市場上沒有高級品牌，適合用來送禮給重視的人。」

【結論】「所以這次我希望能主打高級感。」

只要像這樣將原因加入結論當中，就能立即回答。

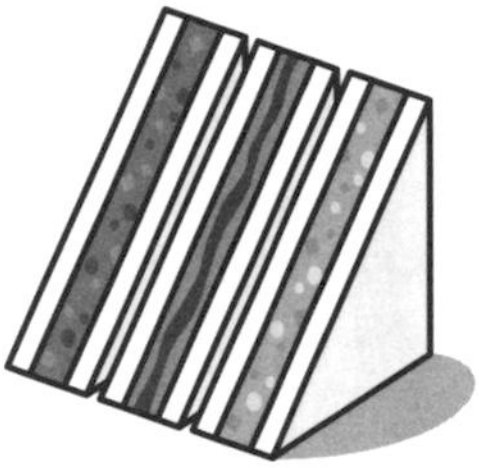

第二個則是【結論】⬇【多個原因】⬇【結論】的模板。

也就是在結論中加入多個原因的**綜合三明治模板**。

（例1）

上司：「商談結果如何？」

部下：

【結論】「今天沒談出結果。」

【多個原因】「原因有三個。第一是今天能裁決的人沒來；第二是對方想和公司內部再討論一次價錢；第三是也許會改變方案。」

【結論】「雖然今天沒談出結果，但下週我們會再去拜訪。」

（例2）

上司：「應該錄取今天來面試的人嗎？」

部下：

【結論】「我希望能錄取他。」

【多個原因】「原因有兩個。第一是他很積極地詢問公司的經營目的，我感受到他的熱誠；第二是因為打招呼，除了面試時，他在面對公司中見到的人時，也都主動積極地打招呼，可以推斷他平時也都是如此，會打招呼的人值得信任。」

【結論】「我希望能錄取今天來面試的人。」

將多個原因夾雜在結論中。

只要事先決定好要說的話，以及說話的順序之後，接下來只需要帶入模板即可。

問題並非在於發生意料之外的事，而是在於沒準備好可能會發生意料之外的事。**所以應該以會發生意料之外的事為前提，事先決定好說話的模板。**

如此一來，勢必能給出比過往還要更聰明的回答。希望大家都能試試這個方法。

*success of communication*

**事先準備說話的模板，以備突然被點名的狀況。**

# 2 回以巧妙的評論

若突然被要求表達評論時，你會不會感到困擾呢？

**評論其實就是見解。**

評論和報告、自己發言時不同，多半有評論的對象，並必須對其發表見解。

例如被問：

「你認為○○的發表如何？」

「你對○○的意見有什麼看法呢？」

標的在他人身上，卻被要求發言。

電視圈裡，有許多人的評論尖銳，在節目中大受歡迎。其中又屬松子・Deluxe特別令我佩服。當被問：「妳覺得○○如何？」時，她會毫無猶豫立刻回答：「我討厭他」。反應迅速，評論也簡短有力。

另外在某集節目中，松子在指原莉乃表現出落落大方的態度時，曾說：「這是什麼反差感。」可以看出她很擅長用一句話總結；而指原莉乃也是非常擅長評論的人，不僅容易受到矚目，有時吐槽的速度更勝搞笑藝人。

**擅長評論者的特徵就是說話迅速、簡短、具體。**

商場上亦同。不擅長評論的人則恰巧相反。說話緩慢、冗長，內容又籠統。

接下來就進入正題吧。

我們到底該如何鍛鍊評論能力呢。

其實是否能說出巧妙的評論，早在被要求做出評論前，便大勢已定了。因為要說出巧妙的評論是有條件的。

條件就是下列三點。

第一點，必須了解正在討論的事情，**掌握**狀況。

第二點，評論必須與狀況有所**連結**。

第三點，若被要求做評論，必須**取重點**回答。

也就是**「掌握、連結、取重點」**。

必須先掌握狀況，不然無法做評論。

即便掌握了狀況，若未與自身的評論做連結，對方會不懂你在說什麼。而即便有了連結，若評論過於冗長則會被嫌棄。因此必須取重點，具體表達。

我們來看看這個例子吧。

上司：「**你對剛才鈴木在會議上說的事情有什麼看法？**」

部下：「這個嘛。嗯……那個……」

對話之間空白了十秒、二十秒，聽起來非常不自然。

或是這樣回答：

部下：「照他的說話方式，應該很難獲得他人協助。」

但上司明明是在問鈴木發言的內容，部下卻給出了與內容完全無關的回答。因此部下勢必會得到以下回覆。

上司：「我想問的不是這個。」

又或是這樣的回答。

部下：「他應該思考對客戶來說最重要的是什麼，我認為那就是最重要的事。」

似乎說了什麼，實質上什麼也沒說的評論。這種含糊不清的發言也會遭人嫌棄。

若要做出精準的評論，就必須「掌握、連結、取重點」，像這樣：

「我同意鈴木所說的。在市場縮小時，更需要水果大福這種嶄新的點子。沒有比水果大福更能吸引社群目光的商品了。」

①先說出「我贊成」或「我反對」。先掌握全貌，在說話的開端就說出重點。

②與「水果大福」等令人印象深刻的詞彙連結。

③「沒有比水果大福更能吸引社群目光的商品了」取重點評論。

雖然你不一定會被要求評論。

但**應該先想好內容，做好隨時被要求評論的準備**。這麼做就有如已經實際做過評論一般。

若一天練習一次，一年之內就能做出數量可觀的評論。如此一來，勢必能養成評論的能力。

正所謂有備無患。

雖然在評論時套用「掌握、連結、取重點」的作法較為平實，但這個動作定能成為加強你評論能力的基石。

success of communication

**做好被要求評論的準備，掌握、連結、取重點。**

## 3 害怕被問到沒預想過的問題……

報告、在會議上發表時，最令人害怕的就屬「問答時間」了。沒錯，就是在會議的尾聲詢問「請問有什麼問題嗎？」的時候。

因不知會被問什麼問題而提心吊膽，因不確定是否能好好回答而感到不安，還真是令人緊張呢。許多人在得知聽眾沒有問題時，應該都鬆了一口氣吧。

以前的我也很不擅長面對問答時間。但對現在的我來說，演講及研習最後的問答時間，變成了我最期待的環節。當聽眾沒有問題，甚至還會覺得有點可惜。

**為什麼現在的我，開始享受問答時間了呢？**

那是因為在面對這些意料之外的問題時，**其實有固定的回答模式**。就像《鬼滅之刃》中的水之呼吸壹之型、貳之型、參之型一樣。

接下來就讓我來介紹這些模式吧。

## 【被問到意料之外問題時的回覆模式】

### ■第一型：表達感謝

被問到任何問題時，一定要將「謝謝你的提問」作為開頭。

對方會問問題，代表有興趣。即便是上司的指正亦同，若沒興趣根本不會想問問題。而無論對方是有興趣還是在吐槽，我們都必須回答問題。因此不妨把問題視為「對方有興趣」的表現，我們就更能面帶笑容地回答了。

### ■第二型：確認問題內容

（例1）「你想問的是過去是否有前例對嗎？」

（例2）「你想問若初次見面時對方面無表情的話，應該如何開口是嗎？」

先確認問題內容。若無法立即回答，可以反問「我自己是沒有印象，你發生過這種前例嗎？」或「原來如此。那過去碰到這樣的人時，你都怎麼做呢？」等。

這麼做就不用焦急，可以**透過感謝、確認問題內容，留時間讓自己理清思緒。**

**■第三型：講述結論**

接著就可以用**「我認為」的方式講述結論。**而重點就在於以推論的方式表達。所謂的推論，就是以某件事為基礎做出判斷。

而意料之外的問題，就是指我們沒有準備到的部分。要回答沒做好準備的事情，一定很令人不安吧。然而若不顧一切地斷言：「答案就是如此」，則有可能遭到指正。因此最好的方式，就是以「我認為」這種推論的說法來表達。

**■第四型：說明理由**

**在結論之後，告知「理由」的依據。**

可以運用實際事件、過往的數據、其他公司的案例、自己的經驗來當作依據。

**■第五型：當作下回課題**

萬一真的答不出來，可以和對方說**「我會在〇月〇日前回答你」**。像是演講及研習中遇到無法當下回答的問題，我都會向對方說：「我會在○月○日前以書面回答你。」

當然，我不會劈頭就說：「請讓我回去研究一下」。在面對問題時，應先表達感謝、確認問題，試著努力以自己的方式說出結論和原因。若經過以上步驟還是答不出來也沒辦法，畢竟巧婦難為無米之炊。

若已經下定決心，做好可能得回去研究後再回答的準備，那即便遇到意料之外的問題，也不會因此不安。雖然我們沒辦法預知「會被問什麼問題」，但我們仍能設想「若被問到時該怎麼做」。

接著就能依照預期計劃，使出招數。只要準備好對應的模式，面對預期外的問題時就能比平時更游刃有餘了。

*success of communication*

**想好對應方式，面對意料之外的問題。**

## 4 被吐槽也能雲淡風輕地反擊

**據說商務人士九成的煩惱都來自人際關係。**

而人際關係中九成的煩惱都來自於與上司、部下間的關係。

我開辦的商務學院也時常接收到各式各樣的心聲。

當上司的會說「部下無法獨立思考」、「一點成長也沒有」。

部下則會說「上司太過咄咄逼人，實在太煩了」、「簡直是精神上的折磨」。

其中最令人感到神經緊繃的，就是上司逼問部下的狀況。

上司會強烈質疑部下如：「你到底是怎麼想的，怎麼會得出這種結論？」、「一般人不會這樣想吧」、「你真的有認真思考過嗎」等問題。

而這種狀況通常來得突然。由於沒做好準備，部下往往回答不出來，上司逼問的方式也越來越激烈，最終在雙方心中都留下了怨念。

其實部下也很努力。而雖然上司的語氣需要改善，但相信他也是為了解決事情才會這麼說。

**該如何將「會留下怨念的話」轉換為「建設性的對話」呢？**

針對部下，我想教你「被質問時的回擊方法」。

聽到「回擊」，你可能會覺得是條理分明地回答問題，但其實不然。

應該要用**回答&問問題**的形式回擊。

請試著回想上司吐槽你的情境。

應該多為「為什麼？」「怎麼會？」「我的想法才對吧？」等，從單方面逼問的形式居多吧？

但其實真正的對話應該要「面對彼此好好溝通」。

我在重點①的章節中也曾說過，**建設性的對話，指的是雙向溝通。**

為達到這點，應在回答「我認為……」後，回問上司「那你覺得呢？」就像以下對話。

上司：「這調查的樣本數夠嗎？」

部下：「我認為樣本數五十個很剛好（回答）。你認為不夠嗎？（詢問）」

如此一來，就能得到「這不夠吧」之類的回答。若對方如此回你，就可以緊接著問：「你認為多少樣本數比較妥當呢？」讓雙向對話成立。

若不在回答後回以問題，則可能會被問：「你為什麼覺得五十個很剛好？」「過去也曾取過一百個樣本數，跟這次有什麼不同？」吐槽源源不絕。

我再舉一個例子。

上司：「你這次為什麼選擇這個宣傳媒介？」

部下：「我把ＣＰ值作為第一考量。但說不定也有其他應該注意的重點。若有什麼應該注意的地方，可以告訴我嗎？」

其他還有如：

「若我認知有誤，真的很抱歉。若有什麼你注意到的問題，可以告訴我嗎？」

等各式各樣的例子。但在這裡我想教你的是**用問題來回答**。

不是Ｑ＆Ａ，而是**Q&A&Q**。

過去我就曾透過書、部落格、影片等管道多次提過這種回答方式。這是因為我明白對部下來說，最痛苦的就是被逼問。就我自己的經驗來看，也認為應該儘早找出對策。

學生時期的我，一直都拿全勤獎。但出社會後，我曾經有一次很想向公司請假。那天我在會議上被逼問。每次在那場會議上，我總會被上司叮個滿頭包。

但還好那天我沒有請假，選擇去上班。因為透過用問題回覆，我學會了「真誠地尋求指教」的招數。

從此之後，每當被質問時我都會說「你有什麼看法呢？」、「可以告訴我嗎？」詢問對方的意見。這就是最大的收穫。

**即便在被逼問時，仍能輕鬆回擊的方式，就是回答和詢問。**

請試著挑戰活用「我認為&你認為呢？」的句型，跳脫被單方面逼問的混亂場面，展開雙向溝通吧。

*success of communication*

**被逼問時，應回答問題，並用問題回覆。**

## 專欄④ 回答不出來未必是件壞事

這個章節的主題為「該如何回答突如其來、意料之外的問題」。

說到底，「回答不出來」真的是件壞事嗎？

我是會為演講、研習而做足準備的那種人。

也許是因為從小學將棋的關係，我在商務場合中，也常像下將棋時預讀棋路一樣，經常做模擬。

無論是商談，還是與其他公司開會時我都會這麼做。我從不會毫無準備，赤手空拳上戰場。但即便如此，還是常遇到「回答不出來」的狀況。

此時我會平靜地回答：

「我從沒想過這件事。我三天後再回答你這個問題可以嗎？」

「不好意思，我無法現在立刻給你答案，我下次再回答你」

「這話題進展速度太快，我跟不上。可以再說明一次你的問題嗎？」

這是因為對方所追求的並非完美的回答，而是你**積極努力的態度。**

努力想回答、盡最大能力處理的態度，比起條理分明地回答，還更讓人感到放心。

最糟的方式，就是硬是想圓自己的話，或打馬虎眼。別人馬上會看出「他想含糊帶過」。

「你是不是外遇了？」「咦……我沒有啊……」

像這種回答，馬上就會被拆穿。

我們應該盡最大努力回答。但若回答不出來，就應斷然放棄，為下次回答做準備。

比起此刻，最重要的未來會如何變化。

重點⑤

# 柔軟

## 面對難以開口的事，
## 不應開門見山地直說

以免被當成怪人

# 1 不知為何總容易惹怒對方

說了「咦，今天很累喔」之後，對方看起來卻很不高興。
說了「不愧是經驗豐富的軍師」之後，卻惹對方生氣了。
說了「若我有錯，我願意道歉」之後，對方反而更憤怒。

**明明沒有惡意，但不知為何卻惹對方生氣**……也許你也曾有類似的經驗。
你說這些話明明不是為了要惹對方生氣，但對方的表情卻越來越不對勁。
就如以下案例。

**（例1）用詞令人不悅**

當說了「我跟你說」之後，卻被罵「你那是什麼上對下的口吻」。

**（例2）將想法直接說出來後，對方卻生氣了**

說完「比起灰色，我覺得藍色更適合你」後，對方就不跟你說話了。
不知從何時開始，被職場和身邊的人討厭。

總是惹怒他人的人，常會被說是因為「不懂他人的心情」。
但事實真是如此嗎？
實際見過許多學生後，我發現他們其實多半很細心，也思考很多事。
**那到底這一切是怎麼發生的呢？**
會造成這樣的狀況，是因為他們沒有選擇適當的詞彙。
也就是**詞彙選擇**方面的問題。
就讓我詳細說明吧。
**在想表達一件事時，詞彙的選擇大致上分為兩種。**

①主詞為**「你」**時

②主詞為**「我」**時

當主詞改變，即使說相同的話，聽起來卻會給人截然不同的感受。

以「咦，今天很累喔」來舉例。

「咦，你今天很累喔」的主詞是你。

有些人聽到後會說「我哪有累啊，你是想說我有黑眼圈嗎」，並一臉不悅。

此時試著把主詞換成**「我」**吧。

「我有點擔心，你是不是有點累。」

主語變成擔心的我

那「不愧是小軍師」這個例子又該如何變化呢？

在這邊「小軍師＝你」，因此主語也是你。若對方看起來很開心當然沒問題。但若對方是會說：「什麼？你是想說我在炫耀知識嗎？」的那種人，則應該改成：「你的知識真豐富，我也想變得跟你一樣」的說法。而此時的主語是「我」。

**根據對象不同，必須策略性改變主語**

那如果是這樣的對話呢？

A：「突然下雨，我全身都濕了。」

B：「天氣預報說這陣子會一直下雨。」

也許B沒有那個意思，但從A的角度來看，可能會接收到「你沒看天氣預報喔？」的感覺。而此時的主詞是「你」。

若試著把主詞轉換為「我」的話，則會變成：

B：「真辛苦。我以前也有好多次類似的經驗，所以現在我都會多注意天氣預報。」

雖然談話的內容一樣，但將主詞從「你」變成「我」，將能改變對方的感受。

以前曾有人找我商量。

「有一本書上說，先隨便找對方身上的優點來稱讚。所以我試著稱讚同事『你的西裝真好看』、『你的領帶好時髦喔』、『你換眼鏡了呢』。對話卻還是熱絡不起來……」

這是因為**有些人被稱讚後會很開心，有些人則不喜歡被稱讚。**

對方是哪一種人，必須先試著溝通後才會知道。

所以我建議他，「何不試著將主語改成自己？」

「這件西裝真好看！**我**也好想要這類型的西裝喔。」

「這領帶好時髦喔，**我**的領帶花樣很少，真傷腦筋。你都在哪裡挑領帶啊？」

「你換眼鏡了呢。（**我**覺得）很知性耶。」

**究竟該將主語設定為「你」還是「我」，因人而異。**

不試著交談看看就不會知道。

所以就當成是在做實驗，多方嘗試吧。若感到對話的狀況不對勁，下次再改變對話方式就好。

透過累積這些經驗，就能建立資料庫，讓我們往後能靈活應對各種形形色色的人。

*success of communication*

**依據對象，策略性更改主詞。**

## 2 被說「正常人不會這麼做吧」

所謂的正常到底是什麼呢？

被小孩問到「所謂的正常到底是什麼啊？」時，若回「常見的」、「普遍的」、「一般來說的」，小孩應該也摸不著頭緒，所以很可能想也不想就回答：「正常就是正常啊！」

到底所謂的正常該如何判定？又是對誰而言的正常呢？想必每個人的解釋不盡相同。

然而人們卻總會說「正常來說會這麼做吧？」、「正常人不會這麼做吧」、「正常來說不可能這樣」等等，把「正常」掛在嘴邊。

那究竟**正常指的是什麼呢？**

首先，我想說的是：

**適用於所有人的正常並不存在。**

若在某人所住的地方，所有人都赤腳過生活，那對他們來說這就是所謂的正常。

而我出身於新潟縣的十日町。在這裡，「梅雨」的發音重音在前，但普遍的發音似乎會把重音放在後頭。

我用重音在前的方式說梅雨時常會被吐槽。但對我來說，重音在前的發音才是正常的發音。

「若是日本人，就應該吃白米。」在白米之鄉長大的我十分認同這句話。但就二〇一一年總務省家庭調查結果來看，日本家庭在麵包上的花費其實高於白米。

所謂的正常，應由個人的總體經驗來判定。過去所獲得的知識之平均值，就是對那個人而言的「正常」。

所以我認為赤腳過生活並無對錯，兩種梅雨的發音也都沒有錯。

問題不在彼此對「正常」的標準不同，而在於**不清楚彼此之間對於正常的認知差異**。

例如以下的例子。

上司：「正常人寄信給客人之後，若沒收到回信，應該會馬上打電話確認吧？」

部下：「是嗎？現在比較多人用信件來往。」

可看出兩者對「正常」的定義不同。

那麼如果換另一種方式呢？

部下：「真的很抱歉，我不知道應該立刻打電話。最近很多客人都不喜歡講電話，所以我想說應該先等兩天比較好。但應該要立刻打電話確認比較好是嗎？」

將兩者對正常的認知差異開誠布公。

此時，就能在相同的基礎上，決定應該「還是別立刻打電話比較好」，還是「立刻打電話」。

過去我也曾被激怒，並對部下說出「正常來說……」這句話。

有一天，我收到部下的來信說：「桐生先生的說話方式，很令人不悅」。我對部下說：「正常來說，不會寄信跟對方說自己『不悅』吧！文字很難表現情緒，所以這種話應該要面對面說！」

然而部下卻完全無法接受。

對他來說，用文字表露心情是再正常不過的事。但對我來說，文字難以表達真正的情緒，所以應該面對面談，這才是所謂的正常。

還有另一個部下曾對我這麼說：「桐生先生，那件事是你的錯，請你道歉。」

我說：「咦？我又沒錯，而且正常人會要上司道歉嗎？」

雖然從這些情境就可以看出部下有多不仰慕我，但我必須坦承，我真的曾經很不成熟。

但也多虧這個經驗，我深刻理解到「每個人所認為的正常不盡相同」。這件事對我來說是一個相當大的啟發。

所以當被說「正常來說」時，請試著這麼做。

## 先弄清雙方對「正常」的定義

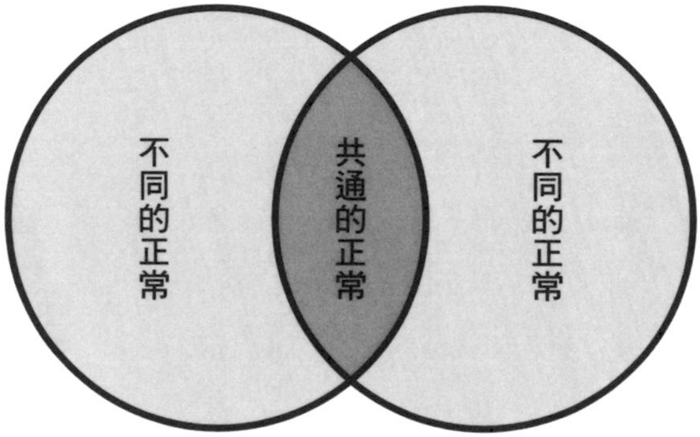


**先弄清雙方對「正常」的定義。**

若你能認同對方對正常的定義，那就表示兩者對於正常的定義相同。

若兩者對正常的定義相異，則應該問：「很抱歉，我不知道正常來說是如此。若方便的話，可以解釋得更詳細一些嗎？」請對方說明為何正常來說是怎麼樣。並同時表明對自己來說的正常為何。**再判斷應該選擇哪個說法。**

即便被人說「正常來說」，也不用感到難受，更無需吵架。

而是應該冷靜地找出彼此想法的落差，

用大方的態度靈活對應。
「原來如此，原來還有這種想法」。以能吸收新知很幸運的態度，輕鬆對應吧。

*success of communication*

**請對方解釋對自己來說的「正常」是什麼，並讓對方知道彼此想法的差異在何處。**

## 3 被說「別找藉口」

「別找藉口！」

只要是商務人士，應該都有被這麼說過的經驗吧？

即便沒有，可能也被說過「這樣是推卸責任的行為」、「不要合理化自己的行為」、「不要狡辯」之類的話。

也就是「找理由推託」的類型。而我也曾多次被如此指責。

其中最麻煩的就是，我們沒有自覺。因為我們並不覺得自己在找藉口。我們只是在被問「為什麼事情會變這樣？」時，說出正當的理由而已，卻被對方認定為在找藉口。

**「正當的理由」和「藉口」之間，究竟有什麼區別呢？**

只要弄清楚兩者區別，就能脫離「明明只是在好好解釋，卻被說是找藉口」的困境。

來看看我商務學院學員的實際案例吧。

上司：「有規定要在會議前先把與會者登進系統吧？但下週會議的名單還沒登錄喔。」

部下：「我想在會議前一天再登錄。」

上司：「為什麼要前一天才登錄？照規矩是要事先登錄喔。」

部下：「是，但由於這次人數很多，我想到前一天再登錄。」

上司：「為什麼人多就要拖到前一天才登錄啊？」

部下：「因為我覺得人數比較多，前一天登錄比較適合……」

上司：「所以我問為什麼人多要到前一天才登錄啊？那不是要到前一天，才能確定與會人有誰嗎？」

部下：「抱歉，我現在立刻登錄。」

上司：「（早講嘛）」

部下「因為人數多」的說明，到底是沒有事前登錄的「正當理由」還是「藉口」呢？

很遺憾，在這種狀況下，確實會被判定為「藉口」。原因是有事前登錄的規定，所以無論人數多寡都要事前登錄。而且這個學員還說了一些沒必要的話，簡直是提油救火。

**不說出來反而會造成問題的事，就是正當理由。**

不說也不會造成任何問題的，則會被認定是藉口。

這就是「正當的理由」與「藉口」之間的差異

上司：「有規定要在會議前先把與會者登進系統吧？但下週會議的名單還沒登錄喔。」

部下：「抱歉，我立刻登錄。」

這樣一切就解決了。

我能明白當因作業有延誤而被指正時，會想解釋「因為我最近有點忙」、「我要先處理別的案子」、「我有請〇〇做了，但他還沒給我」等等。但這些話幾乎都會被認定為藉口。

因為即便解釋，也不會改變結果。延誤是事實，解釋也只會被指責自我控管能力不佳。而像「家人病倒，需要緊急處理。我沒空報告延誤的事」這種情非得已的狀況，不說出來反而會讓對方擔心。因此這是正當的理由，必須說出來。

評斷重點在於「是否真的需要解釋」。

雖然判斷不容易，但在日常生活中也可以時時詢問自己：「這真的需要解釋嗎？」、「為什麼需要？」、「若不解釋，會有問題嗎？」、「若沒有解釋，對方也聽得懂嗎？」鍛鍊自己的判斷能力。

**只要學會判斷，即便是令人難以開口的事，只要有正當理由，便能好好解釋了。**

被說「別找藉口！」時，任誰都會感到難受。

其實我很想告訴所有上司「請不要用這種說話方式」，但其實有許多人會這樣說話。

正因如此，即便在面對藉口時，我們也應靈活對應。

當無論如何都想為自己辯解時，可以說：

「不好意思，這樣聽起來可能有點像藉口。」

「雖然你可能不想聽，但我必須要說。」

妥善使用開場白也是一種方法。

誰都會犯錯，也會想找藉口；重要的是有所自覺，這正是改進的第一步。

人類會在不斷反省、再造的過程中成長。**所以為了能夠進步，應該把藉口也當作自己的養分，促使自己成長。**

*success of communication*

## 區分「正當理由」和「藉口」。

## 4 如何巧妙表達難以啟齒的事

**據說自我表達有分三種不同的形式。**

第一種稱為「攻擊性表達」，會強烈表達自己意見。第二種則稱為「非自我肯定表達」，是一種不擅於表達自我主張，總是應合他人的表達方式。

你屬於哪一種呢？

這兩種形式似乎都不太好。

沒錯，兩者確實都不好。

**若只堅持己見，會被當作「任性的人」；若不提出自己的主張，則會被說「缺乏自我」。**

到底哪一種自我表達方式才是最好的呢？

那就是第三種形式。在尊重對方之餘，也會表達自己意見的**「自我肯定型表達」**。

自我肯定型表達是一種站在與對方相同立場，表達自己意見的溝通技巧。出自一九五〇年代開始推行的行為療法，也被稱為一種雙贏的溝通方式。

自我肯定看似困難，但簡單來說就是**「在顧及對方意見的狀況下，表達自己的意見」**。

例如若你對上司說：「你不覺得每週開例會是在浪費時間嗎？」

若採取這種說話方式，一定會引起一場大戰。

試著用自我肯定的方式表達看看吧。

## 步驟①：對方的意見

說出對方所想的事情，或是可能會在意的事情。

「例會讓大家能每週面對面，詳細確認工作進度，我覺得是個不錯的機會。」

## 步驟②：事實

接著是傳達事實。

## 「顧及對方的意見，表達自己的意見」自我肯定

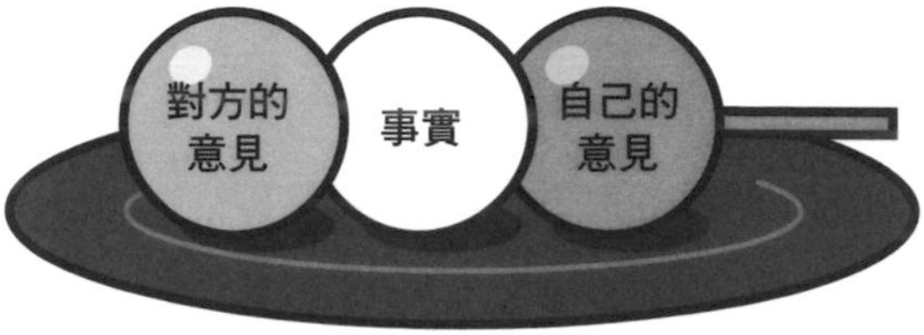


「但若每次開會要兩小時，每週開一次的話，每個月要花到八小時開會。等於整整一個工作天。」

**步驟③：自己的意見**

最後是表達自己的意見。

「是否應該試試直接取消例會議？」

當然，會議不會那麼輕易就取消，但說不定會發生某些變化。例如時間減半為一小時，或是變成隔週舉行等等。

**而這種表達方式的重點就在於將事實夾在中間。**如此一來便能減少摩擦。

畢竟這就是事實。

對方的意見＝「抱歉，我想你現在應該正在專注，但是……」

事實＝「你踩到我的腳了。」

自己的意見＝「可以請你挪開腳嗎？」

我想應該沒有人會做到這個份上，但事實終究是無法顛覆的。

雖說錯在對方，但若劈頭就說：「腳閃開啦！」仍可能導致摩擦。

只要同時顧及對方的意見，就能減少吵架的機率，因此就連平時難以表達自己意見的人，也能比較好開口。

**當他人不聽自己的意見，或受到不尊重的對待時，人就會突然變得暴躁憤怒。**

相反的，若有人願意傾聽自己的意見，我們就會感到安心。

**重點是要表現出「我也明白你的想法」的態度** 即便只是表現出誠意，對方也會因此感到開心。

對話是在有來有往之下交織而成。就讓我們在顧慮到對方心情的前提下，更清楚地表達自己的意見吧！

*success of communication*

**在表達難以開口的事情時，應將事實夾雜在雙方的意見之中。**

## 5 被說「你真的很不懂察言觀色」

這麼問也許有點突然，你喜歡閒聊嗎？

**許多來自我們全國各地商務學院的學生回饋，其實他們「不太喜歡閒聊」。**

因此當大家在聊天時，他們會刻意不和他人對眼、面無表情，甚至是掏出手機，散發出「別和我搭話」的氣場。

即便最初五分鐘會努力聽對方說話，但卻漸漸失了興趣，聊個十分鐘左右就開始感到筋疲力盡。

**但也有許多人，在遇到感興趣的話題時就聊得下去。**

像是他們所熱衷的事，例如歷史和政治、遊戲和代步工具、喜歡的偶像團體和偶像等等。

以前曾發生過這麼一件事。

當時大約有八個人在閒聊。其中某人不經意地說了：「我最近都瘦不太下來」。而一個一直都還沒發言的人，突然說：「瘦一公斤需要消耗七千卡的熱量。只要一天少攝取二百三十卡，一個月就能瘦一公斤……」

並開始像機關槍似的說話。完全不懂察言觀色，現場也飄散一種對話搞砸了的氛圍。

但我認為那個人其實已經努力試著開口了。他並不是要炫耀自己的知識，而是為對方著想才想告訴對方這件事。

只要是有興趣的話題，任誰都會想開口聊聊，也會想聽。而每個人興趣不同，想探討的深度也不同。

由我這個寫聊天方式的書的人來說也許有些奇怪，但其實**沒有人認為自己必須和所有人都說上話**。不過若想和周圍的人建立關係，「閒聊一點意義都沒有」這種想法實在欠缺思慮。

因為透過這些看似無關緊要的對話，我們能更了解一個人，也能讓別人更了解我們。

而這正是培養人際關係的好機會。

所以當有機會閒聊時，請務必記得這點。
我們不用逼自己說話，對話題沒興趣也沒關係。
但是，請務必展現出**「我有在聽你說話喔」**的訊號。
**因為人非常討厭遭到忽視。**

而應採取的具體行動則如接下來幾點。

### 「是啊」系列

「真的耶！」「真是太棒了呢！」「真的很辛苦耶～」
透過語尾助詞，表現對對方言談的附和與理解。

**情緒表現系列**

「咦！」「是嗎！」「這樣啊～」「原來如此。」

表現你的訝異與感同身受。

**喃喃自語系列**

「真厲害！」「好深奧喔～」「真鮮明！」

如自言自語般呢喃。

這些都是「我有在聽喔」的表現。

不用硬聊，也沒有無視。只需說一兩句話回應對方的話題，便足以建立關係。

**溝通的恐怖之處，就在於即便沒說出話來，也能構成一種溝通。**提到溝通，大家普遍會聯想到說話、聆聽、活躍的動作等。但其實連無作為也算是一種溝通。

例如若沒有回應，可能會給人一種「你覺得很無聊」的感受；若面無表情，別人則會認為你覺得很無趣。實際上是否如此又是另一回事了。

即便沒有說話，對方仍會感受得到。這叫做**非言語**。

或許閒聊的內容本身並不具特別意義。

但卻具有互相分享的意義。

試試看對他人的對話作出反應，創造加深彼此理解的機會吧。

*success of communication*

**即便不擅長閒聊，也要展露出「我有在聽喔」的訊號。**

## 專欄⑤ 當失言導致冷場

因為聽到有人說「還是我離職算了」，而回他「那就離啊」，卻被回以不滿的表情。由於被問「你剛才說什麼！」因此你再回答了一次，卻被罵了。或是在更正對方：「不，我不辛苦，只是很忙」之後，對話卻戛然而止。你是否也曾得到諸如此類出乎意料的反應，心想：「我說了什麼奇怪的話嗎？」冷汗直流呢？

我有許多次這種經驗。甚至曾發生過一次極為嚴重的失言。那是我受邀至一個充滿IT業界人士的場子演講時所發生的事。當時我在演講時大談：「透過網路對話，無法有充滿人情味的對話！」就在那些以網路為專長的人面前……事後我只好不斷向主辦單位賠不是。

在學習溝通技巧前，我非常容易失言。當有人對我說：「夏天好快就結束了呢～」

我卻回：「有嗎？今年的熱天比往年來得多喔。」否定他說的話。

當對方跟我說：「我最近水腫很嚴重……」我則回他：「你喝太多酒了吧？」把對方氣個半死。

或是像這樣直接他人：「『完全沒關係』這話有問題吧？『完全沒問題』比較合理。」要列舉的話根本說不完。

因為我只顧著要正確傳達，卻忽略了對方的感受。

但如果不說，就不會知道怎樣算失言。所以我認為重要的不是**遞送出去，而是復原。**

遞送也就是傳遞、傳達。既然已失言，也沒有辦法。

復原就是修復。例如說：「抱歉，說了這麼奇怪的話」、「讓你感到不愉快，真的很抱歉」。是否有好好道歉其實更加重要。

透過經驗累積，我們會開始記住這些失言案例。只要站上打席，就有可能被三振或被觸身球擊到。但正因為有這些失敗的經驗，我們才能有所進步。對話也是如此。

重點⑥

# 拆解

## 說到「沒整理好的事」、「不知道的事」、「沒信心的事」時

仍有適合的表達方式

# 1「說話」×「整理」交錯執行

心中有任何想說的話時應該要「整理好之後再說」，這是基本原則。

不過這世界上仍有某些人達到達人等級，能夠「在說話的同時整理」。

無論說了什麼，最後總能完美收尾。簡直像擁有專業說話的藝術一般。

但這種人極其稀少。

事實上，更多人有下列狀況：

- 不擅長將話整理後再說出口
- 無法一邊說話一邊思考
- 說完一句話後就詞窮，說不出下一句話來

畢竟得同時「說話」、「整理」，勢必使大腦疲憊不堪。

為了讓大家能同時「說話」和「整理」，我要教大家如何**「拆解」**。並詳細解說何為「能邊說話邊整理的拆解方式」。

有時學生會來和我商量：「我和男友吵架了，請給我一點建議。」在這個狀態下，我其實很難給任何建議，因為我根本不了解狀況。所以我會向對方確認：「怎麼了？」、「發生什麼事了？」

而其實無論對方找你商量什麼，給建議的流程都是固定的。

那就是：**現狀⬇未來⬇對策**。

現狀（何種煩惱？）⬇未來（要怎麼做比較好？）⬇對策（該怎麼做才能弭平現狀與未來的差距？）

把這些問題分解並確認。而這個「分解」的動作就是重點所在。

曾有小說家教過我一件事。

「無論是科幻、英雄、冒險類小說，基本上故事架構都一樣，有一套起承轉合公式。」

我聽了恍然大悟。當起承轉合混亂，就會搞不清楚到底發生了什麼事。正因為故事有起承轉合，有高潮迭起，才會有趣。

我想說的是，當你還沒整理好自己想說的話時，請先試著**分解它**。

當我們在還沒理清自己想說的話，就強迫自己表達意見時，會語塞也是理所當然。**因此，為了先整理好情況，我們應該先做拆解。**

接下來我將具體介紹，在商務場合中時常使用的七個分解方式。

**①目的與手段**

「先把目的與手段拆開來看吧。」

將話題種類分門別類。

**② 問題與解決方案**

「問題在於〇〇。關於這點，有三個解決方案。」

一邊確認一邊開始說話。

**③ 優點與缺點**

「凡事應該都有其優點和缺點。要不要先從比較、檢討這些優缺點開始呢？」

先釐清正在討論的事情。

**④ 前提與結論**

「我們先討論一下，為了讓客人度過愉快的時光，有什麼前提和結論。」

提示說話的順序。

**⑤ A與B**

「我們在討論『自信到底是什麼？』（Ａ）的議題，但請大家先思考一下『自信和過度自信有什麼不同。』（Ｂ）」

用「差異」和「反面」來破題。

**⑥原因與結果**

「並不是因為『醬油』的漢字太難（原因）而不會寫（結果），而是因為沒有練習寫『醬油』（原因），才導致不會寫（結果）吧？」

讓原因和結果明確化。

**⑦目標與重點**

「目標是〇〇。為達到目標的重點在於〇〇。我想從不同的觀點來檢視。」

整理目標和重點。

沒將想說的話整理好時，就好比許多東西交雜在一起。

當桌上亂七八糟時，當然無法立即找出需要的資料。

**因此第一步應利用前述的七種方式，將事情分為「○○與○○」。這就是整理的第一步驟。**

每個職種會使用到的分解方式其實大同小異。

**找出自己常用的方式，然後試著練習分解數次。**如此一來，「說話」、「整理」的能力便能大幅提升。

在遇到危機時仍能冷靜整理。這種優雅的人能讓旁人放心，並獲得信任。

*success of communication*

**分解能提升「說話」、「整理」的能力。**

## 2「我不知道」＋假說

任誰都有不知道、不懂、回答不出來的時候。

此時比起為了補救硬找藉口，直接回答「我不知道」要來得真誠許多。

但回答一句「我不知道」便結束的人，和回答「我不知道」＋「但我認為○○」，加以解釋的人相比之下，**能給予解釋者的評價壓倒性的高。**因為這麼做能讓人感受到你願意努力回答的態度。

而**「我不知道」＋「假說」**便是達到這一點的方法。

假說簡直是一個無敵的方法。因為這充其量只是「一種假設」，並不會受到否定。

例如當有人問你：「事情真的會順利嗎？」

可以回覆：「老實說我不確定。但**如果**有機會能挑戰，我會盡我的能力讓一切順利。」

有人問：「有沒有什麼解決方式呢？」

就回：「我一時想不到。但**假設**預算能增加，選擇也會增加。」

有人問：「真的能在兩個月內瘦五公斤嗎？」

就回：「我不知道，但**假如**一天瘦一百克，就會從五十五公斤瘦到五十四・九公斤。若連續減兩個月，就能減到四十九公斤。」

**「如果」、「假設」、「假如」全都是一種假說。**

當然，這並非指假設就可以隨便說說的意思，但基本上我們不能說「絕對可以！」、「一定會這樣的」這種話。即便如此，只說「我不知道」還是無法讓人感受到你試著努力回答的態度。

因此我們應該要好好使用假說的技巧。

就算是針對自己不清楚的事情也是如此：

「金融產品創新是什麼？」

「真的非常抱歉，我不清楚。**如果**下週你願意撥冗，我願意去研究後告訴你。」

比起只說一句「不知道」，這樣的回答會給人較好的印象。

在討論時，也常常會用到假說技巧。

例如「假設○○時」、「假設前提為○○」的使用方式。

或是「假設數量越多代表需求越多，由於全國的獨棟房子比大廈多，所以獨棟房子的需求比較高。」的用法。

那假設被問到「睡眠和吃飯哪個重要？」你會怎麼回答呢？

突然被問這種問題，應該很傷腦筋吧；不過只要預設前提，就能找出回答的方向。

（例１）

「假設以生死為基準，若一直沒有睡覺，過十一天後身體就會無法動彈。但即便什麼都不吃，也能活三個禮拜。所以我認為睡眠比較重要。」

而當被問到：「你認為上午和下午，哪個時段作業效率較高？」時，若只回答：「我不知道」沒辦法讓對方感受到你想努力回答的態度。

（例2）

「若以大腦功能為考量前提，由於上午時，前一天的記憶會被重置，能存放新的記憶，因此作業效率應該也會比較高。」

**無論是不知道的事，還是難以回答的事，都能透過假設，讓回答的方向變得更清楚。**

突然被問：「你以後想做什麼？」，也許很難回答。但若先做出假設：「若什麼事都能做的話……」就會出現「我想當歌手」、「我想當老闆」、「我想當老師」等各式各樣的答案。

**正因只是假設，所以我們能自由發揮想像力。**

要回答不知道、不懂、難以回答的事非常恐怖。因為會害怕自己說了什麼話後被否定。所以我們才需要運用假說。**試著以假設展開話題。**當話題變廣，一定能理出專屬於你的答案。

即便你回答不出來，還是要努力去回答。當突破眼前的界線，就能看到新的世界。

*success of communication*

**用「我不知道」＋「假說」，開發原創回答。**

## 3 讓人看起來缺乏自信的詛咒

「也許會被否定的提案」、「向客人報告預算超額時」、「解釋自己不夠懂的主題時」，當必須說到自己沒自信的話題時，你會怎麼說呢？

我所開辦的商務學院，過去曾針對「有效溝通的說話方式」這個主題，舉辦了超過一萬場的講座。

在看過許多學員的說話方式後，我發現**在說到自己沒有自信的話題時，人多半會駝背、視線向下，感覺缺乏魄力。看起來就一副缺乏自信的樣子。**

這也難免。

要是有人要我「談談自己的故鄉」，我當然能充滿自信地侃侃而談。但若突然被要求「請談談巴布亞紐幾內亞」，我一定會感到不安。因為我對這個話題不夠了解。

要談論沒有信心的話題，需要勇氣。

但我想在這裡問大家一個問題。

就算在談論自己沒信心的事，也不代表我們必須表現得沒有自信。**也就是我們可以把「沒信心的話題」和「沒自信地說話」分開來看。**

在談論自己沒有信心的事時，似乎就得表現出缺乏自信的樣子。所以說起話來就會畏畏縮縮的。你是否也受到了這種詛咒呢。

不過既然無論如何都得說，我認為即便是面對自己缺乏自信的話題，也應該大大方方地說出來。

若醫師看起來很沒自信地跟你說：「我會試著盡我所能……」你一定會很不安吧。無論結果如何，我們都希望醫師能大大方方地說：「我會盡我所能。」

### 看起來有自信的姿勢

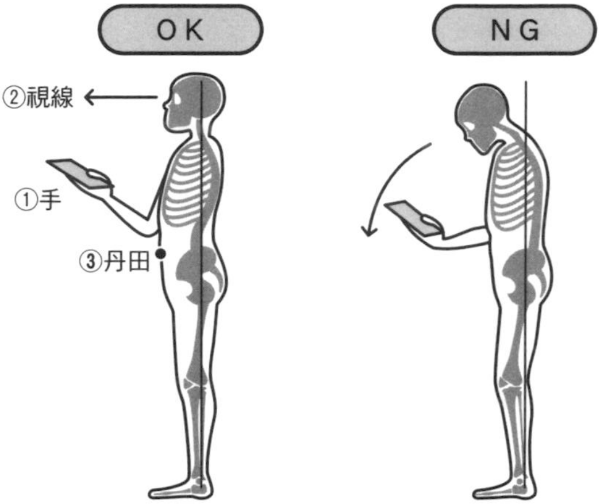


**看起來有自信，也能增加說服力。**

我們無需虛張聲勢，但表達方式確實也屬於一種技巧。

那我們該怎麼做，才會看起來有自信呢？

我們先從ＮＧ的姿勢開始看起吧。

正如右上圖所示，缺乏自信的人說話時會呈現駝背狀態，並習慣性向下望。看起來不夠大方。

而看起來有自信的姿勢，則像左上圖所示，呈現挺立站直的狀態。

**要呈現此讓姿勢，有三個重點。**

## 第一個重點：手往前擺

當手往前擺放，姿勢就會自然挺立。這是因為有手當作支撐，身體就無法往前倒。就像當我們在「向前看齊」時，自然很難將臉朝下。

## 第二個重點：視線

當視線稍微往上時，眉毛上的「前額肌」和眼皮「提上瞼肌」就會自動向上。光是這個動作，就會讓表情明顯變得開朗。若在這個狀態下說「我不知道」，即便不是正向的內容，但還是會在對方心中留下「這個人感覺很有活力」的印象。

## 第三個重點：丹田

丹田位於肚臍下面五公分左右，也就是支撐人類體幹的中心部位。只要丹田出力，便能穩定身體重心。

不只站著說話時是如此，坐著時亦同。

**將手向前擺，視線稍微往上，丹田出力。**

只要意識到這幾點，就能讓自己看起來充滿活力。

有時即便被鼓勵：「要有自信一點！」還是很難產生自信。

雖然我們無法立刻轉變心情，但我們能隨時改變姿勢。

所以我們應該先從外表開始做起，這將成為改善說話方式的武器。

*success of communication*

**將「沒自信」和「說話時看起來沒自信」做區分。**

# 4 無論如何都想說出來，卻缺乏自信

「無論如何都想說出來……但卻缺乏自信」

當這種時候，你會暗自祈禱「自信，快出現吧」嗎？

但我猜這招應該沒有用吧？

不過有一個方法和前項提到的改變姿勢一樣，能有效轉換心態。

那就是**事實**。

例如大家都看得出北極熊是白色對吧？

因此誰都能有自信地說：「北極熊是白色的。」因為這就是事實。

那若換成粉紅色的豬呢？

你也許會認為：「咦？沒有粉紅色的豬吧？」

真正的豬是膚色的吧？我也這麼認為。

但其實真的有粉紅色的豬。

這是一個事實。只要知道事實，就能毫無畏懼地說出：「這世上真的有粉紅色的豬」。

**也就是說當我們缺乏自信時，應該要蒐集事實並呈現出來。這將成為我們自信的來源。**

題外話，據說我們在退休後，幾乎不會用到為養老所存下的資產。

根據二〇一八年美國員工福利研究院的調查，可以發現：

- 資產多的人（退休前資產達五十萬以上美金者），在退休二十年後或死亡前，只會用到資產的十一・八%，死亡時會留下八十八%以上的資產。
- 資產少的人（退休前資產未達二十萬以上美金者），在退休十八年內，資產只會減少四分之一。

很令人震驚吧？

若和銀行窗口討論退休後的資產運用時，對方以剛才的調查結果為根據對你說：「人生僅只一次。要不要趁活著的時候把錢用來嘗試更多挑戰，或是用在興趣和旅行上，讓人生更加精彩呢？」你應該更能認同吧。

這一年來，我參與了朝日電視台與ＡＢＥＭＡ的「マッドマックスＴＶ論破王」（辯論型綜藝節目）。在節目上，西村博之先生會與來賓比賽辯論。

西村博之先生以善於辯論出名。他的辯論功夫高強的原因有許多，但我認為最關鍵的原因，就在於**「累積事實」**。

他在辯論時會出現各種實際發生過的事、數字、資料、案例，所以他的主張非常具說服力。

雖然西村博之先生最常說的話就是：「那只是你的主觀想法吧？」但在「マッドマックスＴＶ論破王」中，他更常用「客觀」這個詞。例如：「這是一個客觀的事實」、「可以舉客觀一點的例子嗎？」

回到正題。

我想說的是：「累積越多事實，說話時就能越有自信」。

聽到這裡，大家也許會抱有疑問。

「我手邊又沒有那麼多資料和數字，有些案件也不一定會用到資料和數字。」

在這種情況下，請試著增加事實的種類。

**能夠有自信地溝通的人，都備有許多事實佐證。**而其實事實分為許多種。

資料與數字當然不用多說，但其他如：

- 現實中發生過的事
- 權威人士說過的話
- 社長和上級過去說過的評論
- 在公司內部詢問過後的調查結果
- 其他公司的案例
- 旁人的經驗談

・自己的經驗

這些也全都是事實。當然n（樣本數）越少，越欠缺說服力。但即使如此，當這些微小的事實積累到一定程度後，聽起來就會更具說服力。

即便只是上課時的提案，也可以運用這個方式。

「向班上的十個成員聽取意見，其中有七人『贊成』。」

這是一種事實。

「我蒐集了五間公司的成功案例。也蒐集了兩間公司的失敗案例。」

這也是一種事實。

**既然是事實，在提出時就不需缺乏自信。**

有時會聽到業務說：「我沒辦法充滿自信地向客人推銷。」

請容我老實說。

會有這樣的狀況，一定是因為沒有蒐集客人的使用心得。許多時候，甚至連業務本身也沒使用過商品。既然沒有累積事實，當然會缺乏自信。

要有自信地推薦一個自己無法認可的商品，本來就是一件很困難的事。

**自信不會憑空而來**，而是經由事實的積累而**產生**。

當要傳達一件自己沒有信心的事時，更應該蒐集周邊的聲音、客人的意見、實際上發生過的事。累積越多事實，就越能打從心底湧出自信。

*success of communication*

**當有必須傳達的事情時，請儘量蒐集事實。**

# 5 害怕被否定

「被否定根本不算什麼」。

很少人能有如此強大的心理建設，而我也非常羨慕這種人。

雖然現在的我已經非常習慣了，但剛開始出現在媒體上時，我便開始接收到否定及批判的聲音。

過去我曾在「Yahoo新聞」上寫過文章，並引發大量攻擊。對於這些誹謗與傷害的言論，我感到相當低落。

「不要太在意他人所說的話！」雖然從某方面來說，這句話說的沒錯，但被否定時仍難免受傷。

特別是在工作場合，總是充滿了「不對！」、「不是這個意思！」、「我之前就說過了」等讓人感到被否定的言語。

鍛鍊堅強的心智當然也是一個對應方式，但最好還是能從一開始就不被否定。

更準確地說，應該是要大幅降低被否定的風險。

而透過**Plan 3**這個方法，就能夠達成這件事。

其實也沒什麼，不過就是**「準備三個方案」**的意思。

當你說出：「今天午餐要不要吃中華料理？」時，就會有：「可是我今天不想吃中華料理。」被拒絕的風險。但如果提出選項，問：「日式、西式和中式，你想吃哪種？」被拒絕的風險就會降低。

你是否有聽過「松、竹、梅」的販賣手法呢？

這是一種業務在推銷時常使用的手法。業務在想賣一個五十萬圓的商品時，會刻意提供價格分別為「一百萬、五十萬、十萬」的三項商品。如此一來，對方就容易去選擇中間價位的商品。

在按摩店中，也常看到「九十分鐘、六十分鐘、三十分鐘療程。六十分鐘療程最受歡迎」的推薦文宣。此時就可以知道，六十分鐘療程是店裡最想推銷的選項。

當你感到非常緊張，覺得「說不定會被否定……」時，多半是因為你缺乏選擇。

若只報考一間學校，一定會感到非常緊張。但若報考五間學校，則考上的可能性會提高，也會相對輕鬆許多。

若有三件未來想做的事，即便其中一項失敗了，還會有其他機會。

但若在會議上只提出一個提案，當提案被否決時，就會感到驚慌。

因此當沒有自信時，更應該準備第二、第三個方法。

**因此我們應該分別準備第一選擇和次要選擇。**

如此一來介紹時便能更落落大方，也能更加從容。

*success of communication*

**準備三個方案，降低被否定的風險。**

## 6 對他人說的話照單全收，勢必失敗

「自己想說的話」和「對方想聽的話」。

我們也必須把兩者分開來思考，因為兩者之間的差異甚多。

假設太太對先生說：「已經半夜一點了！為什麼這麼晚才回家？」

若先生條理分明地回答：「我本來打算吃完飯就回家，但後來去續攤。然後大家玩得很熱絡，等我回過神來，才發現已經這麼晚了。」肯定又會引來一場激烈的戰爭。

**此時不應被問到什麼就答什麼。**

因為太太真正想問的並非晚歸的原因，而是想要聽到一句「對不起」。

假設因電車誤點，導致上班遲到了。

「你為什麼遲到？」

「因為電車誤點。」

這種回答也將成為爭執的導火線。

當然，有時候我們也會面臨無可奈何的狀況，但**對方真正想聽到的答案是：「我出門時應該預留更多時間」這種反省的話。**因為即便電車誤點，仍有人能準時到公司。

當上司說：「這次活動參加者的評價不太好。有什麼異狀嗎？」

雖然看似是善解人意的關心，但事實上上司真正想問的是「問題與對策」。

若只是平鋪直敘地說出這次活動和平時不同的部分，這場對談是無法結束的。**之所以如此，是因為你的回答並非提問者真**

**正想聽到的。提問者真正想知道的是「問題在哪裡，下次要怎麼改善」。**

就像「不覺得有點熱嗎？」其實就是「可以調低冷氣溫度嗎？」的暗示。明明可以直說，但日本人並不習慣直來直往的說話方式。

解讀對方的心情，真的不容易。

因為每個人話語的背後究竟藏著什麼樣的脈絡，其實各不相同。

但我們仍能夠抓到**「對方希望我們解讀的訊號」。**

**因為我們能從對方的表情看得出來。**

說著「你提早到了啊！」、「真開心」，看起來很開心的人。

以及「可是我還沒準備好……」感到挫折的人。

即便和圖中說著一樣的話，背後的語義仍可能不同。

之所以會對他人的話語照單全收，導致失敗，通常是因為疏於觀察對方的表情。

因為我們一定能從對方的身上，看出一些端倪。

其中最不能錯過的，就是「憤怒」、「不

安」，和「悲傷」的反應。

像是聲音中的壓迫感變強、語速變快。又或是相反的，聲音變細、變微弱等等。

勢必會出現徵兆，我們必須抓到這些。

**就算我們不一定體察得到他人的感受，但我們都能觀察他人的反應。**

若能透過觀察他人的反應，稍微感知他人的心情便足夠。

人會因他人發現自己心情上的變化，而感到開心。

在溝通時，只要有考慮到對方，就能讓溝通變得順暢。

將焦點放在對方身上，感知對方的情緒，就是讓人際關係變好的基本原則。

*success of communication*

## 分解「自己想說的話」和「對方想聽的話」。

## 專欄⑥ 無法表露情緒

傳達一件事情時，有邏輯地表達相當重要。不過有人雖然說起話來雜亂無章，但不知為何卻能深深烙印在我們的腦海中。這就是會將情緒表露無遺的人。

就拿婚禮中的友人致詞來舉例吧。

有些人瀟灑地現身，口條清晰地奉上精彩致詞；但也有人緊張到滿身大汗，卻仍用盡全力表達自己的恭喜之意。而會讓我們感到印象深刻的，往往是後者。

例如吃了別人做的菜後，會說出：「超好吃！」並開心享用的人、一起去看電影時，哭得比自己還慘的人、明明只是說了不重要的小事，卻為你的話捧腹大笑的人等等。當身邊有這樣的人，總會讓我們跟著笑逐顏開。這是因為情感是會傳播的。

許多人「不擅於表達情感」。

表露情感的確讓人感到羞赧。可能是因為怕深層的內心被看見，所以不好意思；

也可能是害怕暴露內心想法後會被討厭等各式各樣的原因。

但透過練習，我們將能學會如何展露情緒。

其中最簡單的方式，就是在「打招呼」時注入感情。

不願讓視線交會，隨便說一句「早安」的人，與說「早安」時飽含「今天也請多多指教」情緒的人。

被打招呼的一方一定立刻就能感受得到，兩者之間誰有投入真心。因為兩者的表情和聲音高低將完全不同。

「你好，初次見面」＝（我很開心能見到你）

「請多多指教」＝（每次都承蒙你的照顧）

「辛苦了」＝（謝謝你的鼎力相助）

請試著在打招呼時，注入如括弧中的心意，稍稍展露出你的情感。

當我們開始能展現出情感，應該就能做出更誠摯的對話、報告、發表和提案了。

重點⑦

# 主軸

## 即便簡短，仍能「打動人心」的說話方式

為達到談話目的

# 1 容易被打動的心理模式

雖然有點突然，但我想問大家一個問題。

這是我以前在人力派遣公司工作時發生的事。

有一間工廠，被派遣了一百名人力。一天只需要裝滿一萬個箱子，就可以結束工作。為了早點做完早點回家，大家都非常努力。然而最後還是花上了一整天。

此時，有一個人提出了「要不要試試看○○？」的提議。

當採納這個提議後，竟然提早了兩小時完成作業，

各位認為，「要不要試試看○○？」是怎樣的提議呢？

答案就是……**Per head.**

大家聽了應該都一頭霧水吧？請讓我娓娓道來。

**「Per head」直譯後，就是「算人頭」的意思。**若一百人總共要裝滿一萬個箱子，一

個人只需裝滿一百個箱子就能完成作業。他們就是實踐了這項提議。

只要把自己的份內工作完成後就能提早回家。雖然大家完成作業的時間各不相同，但最後所有人都提早了至少兩個小時結束工作。

當然，這個提議不能用在協力作業上。但我想討論的是**當事情關乎自己，人就會展開行動**的心理。

假設在一場出席者有一百人的會議上，說出：「這件事由會計部處理」，和說出：「這件事由會計部的田中來處理」。用哪種方法說，田中會更願意行動呢？

當然是後者對吧，因為事情關乎自己

我常常在研習中，聽到擔任上司的學員感嘆：「部下都不主動，缺乏幹勁、沒有自發性」。

但從部下的角度來看，通常都是因為工作職掌劃分不明確，才會覺得事不關己。

部下在這樣的狀態下，被罵「你這樣不對」、「再好好思考一下」，當然會士氣大減。

**人只要遇到自己的事，即便不刻意提高士氣，也會展開行動。**

那麼該怎麼做，才能讓對方把事情當作自己的事呢？

只要清楚表示出這三點就行了。

**對象**

**什麼事**

**為什麼**

對象：佐藤

什麼事：拜託他做支付說明手冊。

為什麼：因為佐藤做的說明手冊很好懂，大受好評。

就像以上流程。

在「為什麼」這一點，可以加入許多原因。例如「因為很多人弄錯支付方式」等等，可視情況調整。

另外就是「該怎麼做」。這點可以請當事人自己決定，或是一邊商量一邊決定。

**最重要的是要明確界定「對象、什麼事、為什麼」。**

只要對方把事情當作自己的事，即便是短短的說明，也能讓對方展開行動。

雖然我們常會被說：「工作時要有身為當事人的自覺！」但改變想法其實相當困難。若輕輕鬆鬆就能改變想法，那大家的業績都會很好，每個人都能減肥成功吧。但事實並非如此。

即便有人告訴我們「年過四十後，要注意飲食。」我們仍然不以為意。

但當聽到：「年過四十的經營者得到癌症的機率超過30％。特別是在東京工作的經營者罹患癌症的機率則超過50％。而其中有九成原因是來自飲食。」時，結果又是如何呢。

雖然這只是虛構的假設，但我聽了仍會緊張。因為我正是年過四十在，東京工作的經營者。這正是事情與自己產生關聯的瞬間。

因此想請對方行動時，不應把重點放在「該如何讓他行動」，而應該去想「該怎麼做，他才會想要展開行動」。

將重點轉換到**對方**身上。

當「對象、什麼事、為什麼」變得明確，即便指令簡短，對方也能理解。

**當對方的思考迴路從「別人的事」轉為「自己的事」後，就會開始認真起來。**

因此在傳達事情時，重點不在長度，而在密度。

success of communication

**只要將「對象、什麼事、為什麼」具體化，即便指令簡短，對方也能理解。**

## 2 讓對方覺醒的關鍵字

「要傳達什麼」和「怎麼傳達」，是引導對方行動的重點。

除此之外，還有一件很重要的事。

那就是**「由誰來說」**。

即便受到相同的請託內容，某些人就會讓你想回答：「好！我很樂意」；卻也有些人會讓你想回答：「呃，辦不到」。

或者是也會發生：「如果是他約的話我就去，那個人約的話我就不去」的狀況。

**根據指派案子的對象不同，我們對案件的感受也會不同。**

若平時有建立好關係，只要說個一、兩句，對方就願意行動；反之，無論如何勸說，對方都不願協助，讓人吃足苦頭。

因此那些願意去研究「需要有哪些對話，才能和對方建立好關係？」的人，最終將能引導對方展開行動。

到底該怎麼交談，才能與對方建立關係呢？

那就是努力**從「自己喜歡的話題」轉變為「對方喜歡的話題」**。

日本曾有一句俗語，說這個世上最恐怖的就是「地震、打雷、火災、爸爸」。

而現在我們則常在網路上看到以「這世上有比死更恐怖的事」為題的文章。

這件事就是**「孤獨」**。

日本內閣根據令和三年六月十八日內閣會議訂定的「經濟財政營運與改革基本方針二〇二一」，制定了用於防止孤獨問題的重點企劃。由此可見孤獨已是動員國家等級的重要議題。

人在什麼時候會感到孤獨呢？

我想大概就是「未獲得任何人的矚目」、「沒有人注意到自己」的時候吧。所以表現出「我有關注你喔」、「我很在意你喔」訊息的對話，確實能為對方帶來勇氣。

**具體的方法，就是提及對方不經意之間做出的舉動。**

「你每次都會提早來參加會議呢。」

「你處理客訴的速度真的超快的。」

「你和店員說話時的用字遣詞總是很有禮貌。」

當我們在做某些事的時候，常常會認為理所當然。但從客觀的角度來看，其實這些事很了不起，很棒。

**「周哈里窗」**是一個用來自我了解的知名架構。

而上述的做法，就是觸動「盲點之窗」。亦即他人所知，但自己不知道的事。也就是當事人沒看見的部分。

## 周哈里之窗

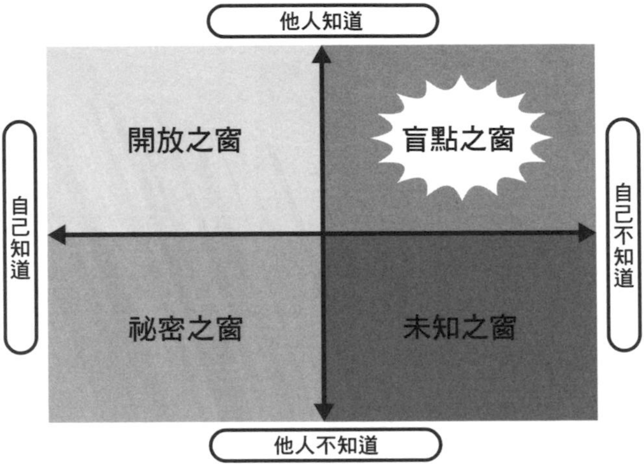


「你用三色筆做整理啊。難怪你的思路總是那麼清晰！」

「大家一起吃飯時，你每次都會幫忙點餐。真得很貼心！」

「你總是會先打招呼，我真想向你學習！」

真的只是一些再細微不過的小事。

卻能讓對方親身感受到「他一直在注意我」、「他有在關心我」。

**這都是關係深化、產生認同感的瞬間。**

以前曾有人對我說：「桐生先生的心臟真大顆。」

他似乎認為我毫不在意他人眼光、無所

畏懼，是個總是勇往直前的人。

老實說我嚇了一大跳。因為我一直認為自己是個超級膽小鬼。這不是什麼值得驕傲的事，但我在國中時甚至曾因為小便斗旁有站人，就過於緊張尿不出來，導致膀胱炎。竟有人說這樣的我「心臟大顆」，讓我不禁感到非常開心，也進而對他產生好感。

**只是簡單一句話，就能產生強大的力量，讓對方覺醒。**

這並不是要你做「想出很厲害的詞彙去激勵人」，或「努力去激發對方幹勁」這種超高難度的事。

而是應該將焦點放在對方尚未自覺的部分，因為人對自己往往有許多不了解。

一開始可能會不太習慣，但沒有關係。只需要平時多注意對方不經意的行為，就足以建立關係。

**只要建立了關係，對方展開行動的機率就會提升。**

就讓我們多多累積對話，建立讓對方願意主動展開行動的關係吧。

success
of
communication

## 用一句話提及對方不經意的行為，使對話變得熱絡。

# 3 讓對方做出行動的魔法詞

善於說話的人，在說出第一句話時，就能吸引到對方。

前幾天，有一位作家突然問我：「你給我五百圓，我幫你代筆寫書好嗎？」

一般代筆寫書的行情價都差不多要幾十萬圓了，但他竟然只收我五百圓！

由於我想自己執筆，所以拒絕了。但對我來說，「五百圓代筆寫書」就是**引起我興趣的超強魔法詞**。

在推薦一部電影時，有些人會寫出類似「那部電影從開頭就已經吸引我的注意了！看了絕對會從一開始就感動大哭。從電影的第一分鐘開始，電影院中的觀眾便開始騷動，想著『咦！接下來會怎麼發展呢？』」的描述。

雖然幾乎沒說明到故事內容，但卻讓人很想知道這到底是什麼樣的電影，並好奇後續的發展。

善於說話的人，腦中有著一套切換裝置，能將**自己想說的話轉化成對方想聽的話**，也因此能吸引到對方注意。

即便是約會遲到時，比起「抱歉，我遇到塞車，會遲到」，他們會選擇說「抱歉，我正在趕過去了，今天我請！」加入會讓對方開心的話語。

**若想打動對方，就必須使用能促使對方行動的「魔法詞」。**

而這裡說的魔法詞，便是**對對方有利的事。**

雖然老套，卻無往不利。

將能成為驅使對方的動力。

**簡單來說，就是對對方有利、能讓對方獲得好處、感到愉悅、滿足，並不會有所損失的詞彙。**

當想要打動對方、想請對方聽你說話時，請在說話的開端使用以下這些詞彙。

**①感謝的話語**

（例1）田中先生，**謝謝你每次都幫助我。**下次還能請你幫忙做報價單嗎？

**②承認的話語**

（例2）佐藤小姐的訂正**真是精準**。下次還能拜託妳幫我確認有沒有錯字和漏字嗎？

**③能獲得成果的話語**

（例3）有一個一百個人中有九十人**成功減重**的「一日五餐減肥法」。我可以和你討論一下嗎？

**④讓對方免於權益受損的話語**

（例4）高木先生，你說不定**多繳稅了**。你知道「退稅」嗎？

**⑤將對方不知道的事轉換為對方想知道的話語**

（例5）齋藤小姐，妳是不是有緊咬臼齒的習慣？說不定是因此才導致**肩膀僵硬**的喔。

**⑥提高稀缺價值的話語**

（例6）我有一個工作只能麻煩鈴木先生幫忙……

**⑦讓對方感受到連結的話語**

（例7）有一件事，希望你能和我們**一起**解決。

當希望引起對方反應時，應該試著切換思考迴路，思考該如何說出對方想聽的話語，並精準傳達。

若不知道對方想聽什麼時，請先試著想想自己在聽到什麼魔法詞時會感到開心。**先自己練習看看，然後試著傳達給對方，並隨時做調整。**

只要持續練習三個月左右之後，每當要說明一件事情時，腦中就會先浮現對方的臉。在表達時，視野也會有所改變。如此一來便達到高手等級了。

而第一句話應該放什麼內容呢？

請試著切換重心，將「冗長仔細的說明」轉換為「簡短有力的魔法詞」。

*success of communication*

**在對話的開頭加入能滿足對方渴望的魔法詞。**

# 4 理解對方的堅持

你是「喜歡獨自努力的類型？還是和大家一起熱鬧地完成的類型？」「是喜歡的漫畫會重複看好幾次的類型？還是想看各式各樣不同漫畫的類型？」

抱歉，突然問這麼奇怪的問題。

**本學院有設計一套「此時你會怎麼做？」的對話訓練。**

就是在平時的對話和聊天中，突然向對方丟出「此時你會怎麼做？」的問題。

若是像「你是怎樣的個性呢？」這種模糊的問題，確實很難回答。但若像開頭「在這種狀況下，你會怎麼做？」這種具體的問題，則比較容易回答。

在對話的過程中，話題也會漸漸變得有趣。

因為在這種對話中，能讓他人聽到**你的堅持**。**當自己的堅持獲得理解時，人通常都會感到開心。這是因為彼此之間會出現一種能分享祕密的親密感。**

從這個角度來看，「此時你會怎麼做？」是一個非常能炒熱話題的問題。

除此之外，當我們掌握了「此時你會怎麼做？」的技巧後，在希望對方做什麼，或有事相求時，也能發揮相當大的效果。

「在旅行時，你會訂定縝密的計畫嗎？還是順其自然呢？」

「當計畫改變，你會感到煩躁嗎？還是會順應改變呢？」

即便在討論工作上的事情，若理所當然地對旅行前會縝密地立定計畫，且計畫遭改變時會感到煩躁的人說：「下禮拜的會議要改成後天舉行，資料就交給你準備了。」對方也許仍會準備，但肯定會感到「煩躁」。因為說不定對方原本早準備把時間留著做其他事了。而人際關係之間的嫌隙，就是從這種小事所衍生出來的。

因此應該說：「真的很不好意思，下禮拜的會議被改到後天舉行了。好像是因為社長只有那天有空。可以麻煩你早點製作資料嗎？」

**聽起來和剛才的表達方式很不同吧。如此一來對方心情會比較好，也會比較願意行動。**

有鑑於此，我們應該做兩件事。

第一件事，是透過平時的對話，掌握對方「此時會怎麼做？」

第二件事，是依據對方的堅持，改變表達方式。

而這些事情，真的只需從平時再平常不過的對話中，就能觀察到。

例如：「高橋先生比較喜歡和少人數的人一起去吃飯，還是和十人左右的多人數去吃飯呢？」

「我個人比較常聽別人說話，你是屬於比較常發言的那方嗎？」

若高橋先生喜歡少人數聚會，且比較善於聆聽的話，若要拜託他擔任會議司儀，就必須留意表達方式。因為他一定不擅長做這類型的工作。

相反的，若他喜歡多人數的聚會，是常說話的人，就可以輕鬆地拜託他。

**根據對方的堅持，表達方式將會有一百八十度的轉變。**若知道對方的堅持，就能大幅提升用簡短對話讓對方行動的機率。

*success of communication*

**透過平時的對話，掌握對方的堅持。**

## 5 跟自我厭惡說再見

終於到了最後一項了。

最後我要談的是「自我厭惡」。

自我厭惡就是「討厭自己的感受」。

在平時屢次溝通失敗後，自我厭惡的感受就會變強。

確實，當我們在人前說話數度失敗，或反覆犯同一個錯誤時，任誰都會感到沮喪。

也許是因為許多人有這樣的問題，因此現在社會掀起了一股「自我肯定」熱潮。

**如字面意思，自我肯定就是「肯定真正的自己」。**

提升自我肯定的書籍大量出版，書店中甚至設立了特別專區，還有節目為此開設特輯。

但自我肯定等同於認同自己嗎？

以前我曾認真思考過這件事。

認同自己的相反，就是不認同自己。

「不認同自己是什麼意思？」、「是否定自己的意思嗎？」、「是認為自己是沒用的人嗎？」、「認為自己沒有存在的價值嗎？」、「是缺乏自我的意思嗎？」

我思考了很多，最後還是搞不太懂。

我想自我肯定一定有許多含義。但與其悶悶不樂地思考，不如寫寫部落格、練習發表、找某人說說話。**因為我認為多多傳達自己想表達的事，有助於建立自信。**

小時候，我是個畏畏縮縮的孩子。

只要一不如意，就馬上哭泣，或是憤而離場。

除了不想受傷，我應該是想用畏縮的行為當作反抗。而我一直很討厭這樣的自己。

但在我小學五年級時，事情突然有了轉變。

有一項社會課的作業，是要「背47個都道府縣名」。並要比賽誰能最快背出來。

而我竟然得到了第一名。我用十秒就能背完47個都道府縣名。

這讓我產生了自信。自此之後，我突然開始努力讀書。從原本的成績平平，變為每個科目都能拿到五分。

畢業後的第一份工作，我才進公司三個月就被降職了。因為我的業績墊底。

但當時也是因為和顧客之間再平常不過的閒聊，讓我的業績暴漲。兩年後，我的業績達標率獲得了全國第一名。

而剛創業時，前半年公司業績幾乎是零。

**我甚至很認真地認為：「再這樣下去我會死……」**

但因為學生的一句話：「我想學會有效的溝通方式」，讓我開始為說話方式特別設計教學內容，並大受好評。也因此成了我拓展業務至全國的契機。

人可能因為任何微小的事情而改變。

而要結束自我厭惡的唯一方法，並不是改變思考方式，或改變心情。

**而是改變行動。**

**無論拿手或不拿手，都無須感到哀怨。因為只要做出行動，就能開闢出一條道路，而這些軌跡會為我們帶來自信。**

小時候的我，非常喜歡打棒球。不知道練習揮了多少棒。我一直很自豪自己能挨過嚴格的訓練。也因為那些練習，直到現在我的手上還留著繭。

現在每當我遇到危機時，就會緊握拳頭，確認手上繭的觸感。每當我這麼做，就會湧現自信。因為我知道過去曾走過那麼一段路。

我們無法擁有自信，自信是油然而生的，來自於我們努力過的軌跡。

我認為你一定是個坦率、誠實、正義感強烈、一做決定就會立刻行動的人。

所以我希望你能開始稍稍改變行動。並藉由本書中的方法，從日常生活中採取行動。

重點在於未來。無論現在是什麼狀況，我們仍能改變未來。

過去的你，因為無法順利溝通，比別人都來得更加煩惱。
這也代表你比別人都更懂他人的痛楚。
**而理解他人的心情，正是溝通時最重要的能力。**
希望你能徹底發揮這項才能，讓自己和周圍都感到幸福，過上一段精彩的人生。
真的非常謝謝各位讀到這裡。

*success of communication*

**改變行動，就能改變未來！**

## 專欄⑦ 在有勝算的地方拚勝負

你聽過「千里之堤，潰於蟻穴」這句話嗎？

意思是再堅固的堤岸，也可能因螞蟻挖出的小小洞穴而崩毀。

而這個道理也能運用在工作上。相較起事事都會，善於多工的人，擁有一項專長，並能在這項專長上發揮優於他人好幾倍的實力，且藉此有所發展的人，更容易在職場上活躍。

在講師的世界中也是如此。比起「什麼課都能上」的人，反而是在某個領域技冠群雄的人，更能拓展到全國。

我認為你也有「必勝」的專長。

例如寫文章時正確度非常高。不僅使用正確的表達，他人也能放心地把檢查錯字漏字的工作交給你。

或是當學會某項工作後，就不會出錯，又或是對應客訴的速度極快。

能寄很多E-mail；能集中心力完成多項輸入作業；做重複性工作時比誰都要更快。

當我們集中心力在一件事情上，其實能發揮令人意想不到的能力。也許你也擁有能夠一決勝負的卓越能力。

不需要是多了不起的能力，只需要徹底發揮即可。

當人在某件事上做出成績，勢必會為了獲得下次的好成績，而磨練精進技巧，進而再次獲得好成績。我們必須啟動這個獲得好成績的循環。

只要決定要做，就能毫不猶豫地實行，在達到目標前不罷休；只要知道作法，便會徹底投入，絲毫不覺得痛苦。我認為你應該也有這種勇往直前的力量。

我想愛因斯坦、梵谷、米開朗基羅，應該也都是這樣的人吧。

在社會劇烈變動下，我想未來一定會出現比現在更難突破的高牆。而能突破這道高牆的，正是像你一樣握有利器的人。

你一定擁有異於常人的厲害之處。請務必發揮這個優點。然後務必記住這句話：

**「你已經很厲害了。」**

## 結尾──其實並沒有所謂的「社恐」

二〇一〇年左右，開始出現「社恐」這個網路用語。

其實這裡說的「社恐」與醫學上使用的溝通障礙是完全不同的兩回事。

根據美國精神醫學學會訂定之DSM-5（精神科診斷標準）判定標準，明確定義出醫療領域中的「溝通障礙」，屬於溝通障礙／社交障礙的診斷類別。

而大家耳熟能詳的「社恐」則是泛指不擅長處理人際關係的人，但在醫療領域中並無明確定義。

因此其實根本不存在所謂的「社恐」。

若真有所謂的社恐，我們每個人應該都有吧。

因為每個人都會有溝通上的課題。我當然有，而我們全國學院的講師也都有。即便是專家，也時常為此煩惱。

因此對溝通有挫折、有人際關係煩惱的人絕不只有你一個。因此沒有人會否定你，也不代表你的能力特別差。

而且正好相反。

許多不善於溝通的人，都會來本校上課。

我總是會想，能對不擅長於溝通這件事有所自覺，就已經非常了不起了。

會說「我很擅長溝通」這種話的人，反而常常因為把話說過頭引起對方感冒；說自己「我對於在大眾面前說明事情得心應手」的人，所說的話常常更難懂，或常常在對話上出問題。

沒有自覺是一件非常恐怖的事。除了會阻礙自己成長，還會為旁人帶來困擾。

而有些人注意到自己的弱點，即便沒被他人提及，仍主動來本學院上課。我認為他們在這一刻就已經成功了。

連以「有效溝通的說話方式」為專業的我，也常有無法妥善溝通的時候。

像是沒能將真正的想法傳達出去、在網路上招來嚴厲批評，甚至被造謠。

但招來批評正是我有做出行動的證明。只要有所行動，必定會有事情發生。無論是好事還是壞事。

有事情發生，才有可能進入下一個階段。

當回過神來，才發現自己充滿了自信。而那股自信會在某一刻轉為確信，相信「自己一定也能成功」。

若這本書能成為你跨出去的契機，身為作者，沒有什麼事能讓我感到開心的了。

願你的人生能由衷感到喜悅，也期望你能過上最美好的人生。

由衷感謝。

二〇二二年十二月

株式會社Motivation & Communication董事長 **桐生稔**

〈作者簡介〉

# 桐生稔

Motivation & Communication株式會社董事長。日本能力開發推進協會心理諮商師。日本能力開發推進協會高級心理諮商師。一般社團法人日本聲音診斷協會聲音心理師。
一九八七年出生於新潟縣十日町市。並於二〇〇二年進入大型人力派遣公司。由於業績太差，進公司僅三個月就遭降職。自此奮發圖強，獲得全國業績排名第一的成績。後來轉職加入音樂補習班，擔任事業部長。二〇一七年由於深感應提升社會人士溝通能力，而成立「Motivation & Communication株式會社」。每年在日本40都道府縣，舉辦超過兩千場的「溝通方式」講座及研修。
每每都能熱絡會場，每場60分鐘的講座、研修中，能引起20次以上的笑聲。最終獲得震撼人心的好評。並獲得《日經新聞》、《PRESIDENT》、《東洋經濟ONLINE》（網路）及Yahoo新聞等介紹。且在朝日電視台與ABEMA共同製作的人氣節目「マッドマックスTV論破王」中擔任審查員。
著有《一流、二流、三流的說話術：破冰、交流、拓展人際，跟誰都聊得開的45個訣竅》、《一流、二流、三流的表達術：不論對象是誰，都能讓人了解並產生共鳴的45個訣竅》、《十秒でズバッと伝わる話し方》（用十秒精準表達的說話方式）、《「三十秒で伝える」全技術「端的に話す」を完璧にマスターする会話の思考法》、《緊張しない「最初のひと言」大全」を完璧にマスターする会話の思考法》、《話し方の正解》等多本著作。



# 社恐、嘴笨也OK！
# 一秒學會精準表達的溝通術

出　　版／楓葉社文化事業有限公司
地　　址／新北市板橋區信義路163巷3號10樓
郵 政 劃 撥／19907596 楓書坊文化出版社
網　　址／www.maplebook.com.tw
電　　話／02-2957-6096
傳　　真／02-2957-6435
作　　者／桐生稔
翻　　譯／李婉寧
責 任 編 輯／邱佳葳
校　　對／邱凱蓉
內 文 排 版／洪浩剛
港 澳 經 銷／泛華發行代理有限公司
定　　價／360元
初 版 日 期／2024年８月

國家圖書館出版品預行編目資料

社恐、嘴笨也OK！一秒學會精準表達的溝通術 / 桐生稔作；李婉寧譯. -- 初版. -- 新北市：楓葉社文化事業有限公司, 2024.08
面；　公分
ISBN 978-986-370-699-1（平裝）
1. 溝通技巧　2. 說話藝術
177.1　　113009302